Jane Perryman

Rauchbrand-Töpferei

Für meinen Vater, der mir seine Hände gab,
und für Kevin, der mir den Weg zeigte.

Jane Perryman

Rauchbrand-Töpferei

Eine Einführung in die verschiedenen Techniken

Verlag Paul Haupt Bern • Stuttgart • Wien

Die englische Originalausgabe erschien 1995 unter dem Titel Smoke-fired Pottery bei A & C Black, GB-London

Aus dem Englischen übersetzt von Reinald H. Thediek
Redaktion der deutschen Ausgabe: Bücher-GmbH, D-Bayreuth

Die Deutsche Bibliothek – CIP-Einheitsaufnahme

Rauchbrand-Töpferei: eine Einführung in die verschiedenen Techniken / Jane Perryman. [Aus dem Engl. übers. von Reinald H. Thediek]. – 2. Aufl. – Bern; Stuttgart; Wien: Haupt, 1998
Einheitssacht.: Smoke-fired pottery <dt.>
ISBN 3-258-05895-4

1. deutsche Auflage: 1996

Abbildungen auf dem Schutzumschlag: vorn Vase von Jane Perryman, Höhe 32 cm, Foto James Austin; hinten ein Detail dieser Vase.

Seite 2: Aufgewülstetes, poliertes Gefäß von Jane Perryman, Höhe 27 cm, nach einem Entwurf von Janet Watson; Foto James Austin.

Links: Aufgewülstetes, poliertes Gefäß von Jane Perryman, Höhe 30 cm; Foto James Austin.

Dank

Ich möchte mich hier bedanken bei allen Töpferinnen und Töpfern in England und in anderen Ländern, die mir Fotos und Informationen schickten, geduldig meine zahllosen Fragen beantworteten und sich interviewen und fotografieren ließen. Besonderer Dank gilt John Leach, der mir seine Aufnahmen vom Fertigen und Brennen in Nigeria zur Verfügung stellte, sowie Joy Voisey, Jane Gibson und Indru Bhatia für die Überlassung von Fotos und Hilfe beim historischen Abriß. Zu danken habe ich auch dem Personal der Haddon Library in Cambridge und Anita Herle vom Museum für Archäologie und Anthropologie in Cambridge wegen der dort gemachten Aufnahmen; Pam Norman, Brenda Brown, Jane Bednarczyk und Neil Payne und ihren Schülerinnen und Schülern für ihre wichtigen Beiträge zum Kapitel über die pädagogische Nutzung der Rauchbrand-Töpferei sowie David Cowley, der die Verbindung zu seinen Studenten am Goldsmiths College herstellte und mich vertraut machte mit den Schriften von Seonaid Robertson.
Ein herzliches Dankeschön zum Schluß an Fran Evelegh, die nicht nur viele der Aufnahmen machte, sondern mich auch bei meinen eigenen Fotos beriet, und an Helena Green für ihre Illustrationen.

Inhaltsverzeichnis

Vorwort

Mineralien lassen mich kalt, und aus diesem Grund mache ich nie Glasuren. Glas ist schneidend und starr, es fehlt ihm Leben. Trotz seiner kühlen Schönheit kann ich mich nicht dafür begeistern.

Pierre Bayle in einem Gespräch mit Michel Moglia

Die Technik der hohen Brenntemperaturen bedeutet für Töpferinnen und Töpfer oft den Abschied von der Spontaneität und natürlichen Freude, die sich mit Arbeiten für den Niedrigtemperaturbereich verbinden. Im Laufe des letzten Jahrzehnts hat sich daher unter den Kunst- und Liebhabertöpfern zunehmendes Interesse an den „primitiven" Techniken der Gestaltung von Hand und des Rauchbrandes entwickelt. Zum einen Teil ist darin eine Reaktion auf die ständig zunehmende Technisierung im Umfeld der Brennöfen zu sehen, zum anderen eine Art von Aufstand gegen das Übergewicht hoch gebrannten Steinguts und Porzellans in der Tradition von Leach. Dabei muß betont werden, daß „primitiv" keinesfalls mißverstanden werden darf als grob oder unkultiviert; ganz im Gegenteil – mit diesen Techniken arbeitende Töpfer müssen ein hohes Maß von Fertigkeit, Einfühlsamkeit und Geduld entwickeln, um zu befriedigenden Ergebnissen zu gelangen. Als ich, die ich einen gewissen Widerwillen gegen das Glasieren hatte, vor etwa zehn Jahren auf die Techniken des Polierens und Rauchbrennens stieß, war das wie eine Offenbarung für mich, und ich habe nie wieder zurückgeschaut. Die geglätteten, abwechslungsreich vom Rauch gezeichneten Oberflächen der auf diese Weise hergestellten Gefäße zeichnen sich durch ein Ausmaß an Natürlichkeit, Leichtigkeit und gewissermaßen sinnlicher Ausstrahlung aus, das von glasierter Ware niemals erreicht werden kann. Weil der Rauch ganz in den Ton eingedrungen ist, sind Dekoration und Farbe Bestandteil des Tonkörpers geworden, statt ihm nur aufgelegt worden zu sein; das führt zur Einheit von Form und Oberfläche. Der Tastsinn wird angeregt und befriedigt, wenn man diese Gefäße berührt und in Händen hält, und überdies vermitteln sie ein Gefühl der Zeitlosigkeit durch die enge Verbindung zu uralter Töpferkunst.

Es gibt verschiedene Ausdrücke für diese Art des Brennens. So sprechen manche Töpfer vom „Karbonisieren", andere wieder vom „Schwärzen" oder vom Anfertigen „schwarzer Ware". Beim Rauchbrand nutzt man uralte Erfahrungen; zu diesen gehört, daß ein Feuer, das Sauerstoff zum Brennen braucht, sich (wenn es davon nicht genug hat) mit den Oxiden im Ton verbindet, was durch die dadurch herbeigeführte Veränderung des Kohlenstoffanteils zu einer geschwärzten Oberfläche führt. Das vorliegende Buch beschäftigt sich mit Gefäßen, deren Oberfläche durch einen solchen Reduktionsprozeß ganz oder teilweise geschwärzt wurde.

Eingeteilt habe ich das Buch in neun Kapitel. Die beiden ersten beschäftigen sich mit der Geschichte des Rauchbrandes und seinen Methoden sowie seiner heutigen Anwendung am Beispiel von Töpferinnen und Töpfern in Nigeria, in Indien und bei den Pueblo-Indianern im Südwesten der Vereinigten Staaten.

Da die Methoden des Rauchbrandes einfach und preiswert sind und wenig Ausrüstung erfordern, kann man sie insbesondere für Schulen aller Art empfehlen. Der Arbeit in diesem Bereich mit unterschiedlichsten Schülergruppen und den im Rahmen von Workshops und Übungsprojekten dabei gewonnenen Erfahrungen ist daher das Schlußkapitel gewidmet.

Der Hauptteil des Buches, nämlich die Kapitel 3 bis 8, gilt der Darstellung der großen Bandbreite an Techniken und künstlerischer Gestaltung auf dem Gebiet der Rauchbrandtöpferei anhand des Schaffens zeitgenössischer Töpfer. Dabei behandelt jedes Kapitel eine bestimmte Methode der Rauchbrandtöpferei mit Beispielen verschiedener Töpfer. Bestimmend für die Auswahl war dabei, daß alle den Rauch als bestimmendes Element in die Oberflächengestaltung mit einbeziehen (ausgenommend die Raku-Technik, bei der Glasur verwendet wird). Abgesehen von Tessa Wolfe Murray, die die Innenseite ihrer Gefäße glasiert, benutzt keiner der Töpfer, keine der Töpferinnen

Glasuren bei der Arbeit. Da es mir auf einen internationalen Überblick ankam, habe ich neben typischen Beispielen aus England auch Werke von Töpferinnen und Töpfern aus Deutschland, Österreich, Japan, Australien, Frankreich, den Vereinigten Staaten und Kanada aufgenommen.

Es war mir wichtig, jede Töpferin, jeden Töpfer als Persönlichkeit vorzustellen, damit der Leser auch einen Eindruck von dem Menschen gewinnt, der hinter der jeweiligen Arbeit steht. Mit einigen von ihnen, die in England leben, konnte ich Gespräche in ihrer Werkstatt führen, bei anderen war ich auf schriftliche Informationen angewiesen.

Begeisterung und Erwartungsfreude und eine gewisse Spannung wegen der Unvorhersehbarkeit der Ergebnisse sind ein wesentliches Element bei der hier vorgestellten Art der Töpferei. Die fertigen Stücke können ebensogut große Freude wie große Enttäuschung auslösen, und gerade dieses Überraschungsmoment, diese Komponente der Ungewißheit und des Verzichts auf präzis voraussagbare Ergebnisse macht für viele von uns den besonderen Reiz dabei aus. Wenngleich die Techniken ziemlich einfach sind, beruht doch der Erfolg auf langjähriger Erfahrung und Beobachtung, auf Herumprobieren und dem Akzeptieren von Fehlern, um aus ihnen zu lernen. Elemente des Spielerischen gehören immer ebenso dazu wie die Freude am unmittelbaren Kontakt mit dem Feuer.

Für all diese Töpferinnen und Töpfer spielen Wirkung und Einfluß des Feuers eine entscheidende Rolle in ihren Vorstellungen, ihren keramischen Ausdrucksmöglichkeiten und bei der Entwicklung des ganz persönlichen Stils. Ich hoffe, daß die Leser dieses Buches schließlich meine Begeisterung über die Vielfalt der künstlerischen Ausdrucksweisen bei der Rauchbrandtöpferei teilen werden.

Lüstergefäß von Anne James, Höhe 11 cm.

Einführung in die Rauchbrand-Töpferei

Dieses erste Kapitel zerfällt in zwei Teile. Im ersten wird die historische Entwicklung der Rauchbrand-Töpferei dargestellt, indem wir einen Blick auf frühe Kulturen werfen, wo die Oberflächendekoration geprägt war vom Gegensatz zwischen vom Rauch geschwärzten und oxidierten Flächen.

Wir „westlichen" Töpfer haben viele Inspirationen bezogen von sogenannten „primitiven" Methoden des Formens und Brennens, die in weiten Teilen der Welt auch heute noch angewendet werden. Im zweiten Teil gehen wir diesen „primitiven" Arten des Brennens nach, die in zeitgenössischen Kulturkreisen im Freien, in Gruben oder in „Einfach-Öfen" angewendet werden, und behandeln dabei die jeweiligen Brennstoffe, Temperaturen, Atmosphäre und Anordnung der Gefäße während des Brandes.

Zur Geschichte der Rauchbrand-Töpferei

Damit aus leicht zerfallendem Ton feste und wasserdichte Töpferware entstehen konnte, bedurfte es einer wissenschaftlichen Einstellung, eines wachen und anhaltenden Interesses an der Erkenntnis an sich.

(Claude Levi Strauss in „The Savage Mind“)

Die Herstellung von Töpferwaren ist unter den noch bestehenden Handwerkszweigen derjenige, von dem unsere Kenntnisse am weitesten zurückreichen. Schon im Neolithikum, der jüngeren Steinzeit von etwa 7000 bis etwa 3000 v.Chr., ersetzte man aus Stein gemachte Gefäße durch solche, die man aus an Ort und Stelle gefundenem Ton machte und im Freien brannte. Diese Gefäße waren nicht nur viel leichter zu erzeugen und zu transportieren, sie erwiesen sich auch als überaus nützlich zum Kochen und zum Aufbewahren von Vorräten und spielten eine wichtige Rolle als Ritualobjekte, die den Toten als Grabbeigabe mitgegeben wurden. Die Herstellung von Tongefäßen gewann rasch an Bedeutung gleichermaßen zu rein praktischen Zwecken als auch als künstlerisches Ausdruckmittel durch die Gestaltung von Formen und Dekorationen.

Die frühesten Kulturen, für welche wir Kenntnisse über die Keramikherstellung haben, sind jene des Nahen Ostens, wo die Tradition der Dekoration von Tonwaren schon 7000 bis 8000 Jahre weit zurückreicht. Dabei entwickelten die verschiedenen Kulturen auch unterschiedliche Arten der Dekoration. Frühe Beispiele für die Nutzung des Rauchs als Dekorationselement sind etwa Erzeugnisse der vordynastischen Epoche in Ägypten (um 3500 v.Chr.), der „schwarzrandigen“ oder auch „schwarz gehöhten roten, geglätteten Ware“. Man erzeugte den schwarzen Rand durch sorgfältiges Aufeinanderstapeln der Gefäße, so daß nur das Oberteil dem schwärzenden Rauch ausgesetzt war, den ein übergestülpter Topf vom größeren Teil des Gefäßes abhielt. Mit großer Wahrscheinlichkeit wurde diese Technik unabhängig voneinander in verschiedenen Regionen „erfunden“.

Weitere Beispiele für Rauchbrand-Töpferei stammen aus Zypern aus der frühen Bronzezeit (etwa 2500 v.Chr.). In dieser Epoche dominierte die rotpolierte Ware in vielen Variationen einschließlich rot-schwarzer Ware mit Kombinationen von roten und schwarzen Flächen; auch Sprenkelung kam schon vor. Manchmal erfolgte der Wechsel von Rot zu Schwarz auf etwa halber Höhe der Außenwand, manchmal

Schwarzrandige, polierte rote Gefäße aus dem vordynastischen Ägypten. (Museum für Archäologie und Anthropologie, Cambridge)

auch auf der Innenseite; es gab auch gänzlich schwarze Stücke. Diese Gefäße waren mit rotem Schlicker überzogen und dann poliert (d.h. mit einem festen, aber glatten Gegenstand wie etwa einem Kieselstein berieben) worden, bis sie glänzten. Gelegentlich ritzte man abstrakte Linienmuster in den Ton und füllte die Rillen mit einem hellen (weißen) Material, um einen Kontrast zu erzeugen. Man nimmt an, daß man entweder die Gefäße bei etwa 400 Grad aus dem Feuer nahm und sie sofort mit Gras abrieb oder sie mit Gras umwickelte, ins Feuer setzte und dann mit einer Lage Dung abdeckte, um die Schwärzung der Oberfläche durch Reduktion zu erreichen.

Im Laufe der Jahrhunderte schritt die Technik des Töpferns fort; an die Stelle des Brennens im offenen Feuer trat die Verwendung primitiver Öfen, denen dann wieder weiter entwickelte Öfen folgten, mit denen sich höhere Temperaturen erreichen ließen. Die neuen Möglichkeiten zur Steuerung von Temperatur und Atmosphäre führten wieder zu neuen Methoden der Dekoration; durch die Glasuren wurden die Gefäße wasserdicht und fester. In manchen Gegenden der Welt jedoch werden auch heute noch Gefäße hergestellt, die sich in ihrer Fertigungsmethode und ihrem Aussehen kaum unterscheiden von jenen, die man als Zeugnisse des Lebens vor vielen tausend Jahren ausgegraben hat.

Mit diesen „primitiven" Techniken beschäftige ich mich im vorliegenden Buch nicht nur deshalb, weil sie noch heute in vielen Kulturen in Gebrauch sind, sondern weil sie in zunehmendem Maße auch das Interesse heutiger Kunsttöpfer finden.

Primitive Brennmethoden

Primitive Methoden des Brennens in offenem Feuer sind auch noch heute in vielen Teilen der Welt in Gebrauch, so in Indien, Pakistan, Afrika, Südamerika, Nordamerika und Papua-Neuguinea. Manche der Töpfer, die sie anwenden, leben in wenig entwickelten Regionen, andere wieder behalten sie bei, obwohl sie Zugang zu fortgeschrittenen oder sich entwickelnden Techniken haben.

Töpfer, die örtlich vorkommendes Tonmaterial verwenden, mit einfachen Werkzeugen schlichte Gestaltungsmethoden anwenden und ohne Öfen mit regional vorhandenen Brennstoffen aller Art arbeiten, werden oft als „primitiv" abgestempelt. Jegliche Unterstellung von Grobheit oder Unbeholfenheit wäre aber völlig fehl am Platze, denn gerade diese Arbeitsweise erfordert ein hohes Maß von Gewandheit und Beobachtungsgabe. Das Rohmaterial wird direkt aus der Erde genommen und muß so zubereitet werden, daß es hohe Temperaturunterschiede aushält, die ihrerseits schwer zu kontrollieren und zu steuern sind. Um Schäden während des Auskühlens zu vermeiden, muß man in starkem Maße auf die Form der Gefäße achten. Gefäße mit gerundetem Boden und gleichmäßig dicken Wänden ohne scharfe Kanten oder Knickungen kühlen gleichmäßig ab und sind am ehesten gegen Sprünge gefeit. Die nach diesen Vorgaben im Laufe von Jahrhunderten entwickelten Gefäße verbinden harmonisch die Ansprüche an Form, Oberflächengestaltung und Funktionalität und stehen in bezug auf handwerkliche Fertigkeit, Gestaltung und Ästhetik auf hohem Niveau.

Der Brand

Ziel des Brennens ist es, Ton in Keramik zu verwandeln, indem man ihn lange genug der notwendigen Hitze aussetzt, um die Kristalle der Tonmineralien umzuwandeln. Die Mindesttemperatur zur Erreichung der Keramikeigenschaften Härte, Porösität und Festigkeit liegt bei 500 Grad Celsius.

Die Atmosphäre

Die wesentlichen Faktoren, auf die der Töpfer während des Brennens achten muß, sind Verlauf der Hitzesteigerung, Höchsttemperatur und Brennatmosphäre. Diese die Gefäße umgebende Atmosphäre wird mit oxidierend, reduzierend oder neutral bezeichnet, je nachdem, ob ein Überfluß an Sauerstoff, an Kohlenmonoxid oder Kohlendioxid vorhanden ist. Die Atmosphäre wird bestimmt durch die Luftmenge, die zur Verbrennung des vorhandenen Brennmaterials zur Verfügung steht. Überfluß an Luft bewirkt oxidierende Bedingungen; unzureichende Luft führt dazu, daß das Kohlenmonoxid Reduktionsbedingungen bewirkt, und eine Luftmenge, die gerade zur vollständigen Verbrennung ausreicht, schafft neutrale Bedingungen.

Immer dann, wenn es der Oberfläche eines Gefäßes an Luft (Sauerstoff) mangelt, kann Oxidation nicht stattfinden, und diese wird schwarz (oder geräuchert). Dieser Prozeß wird gelegentlich auch als Karbonisierung bezeichnet. Wenn diese Schwärzung oder Räucherung ausdrücklich gewünscht wird, kann man sie erreichen, indem man die entsprechende Fläche vor dem Luftkontakt schützt. Beim Brennen in offenem Feuer kann man dazu das Gefäß mit schwelbaren organischen Materialien abdecken; beim Ofenbrand kann man zu gleichem Zweck zusätzliches Brennmaterial zufügen und zugleich die Luftzufuhr drosseln. Jede dieser beiden Methoden führt zur Schwärzung.

Die meisten der traditionellen Brenntechniken lassen sich in die beiden folgenden Kategorien einordnen:

1. „Offener" Brand: Gefäße und Brennmaterial sind zusammen;
2. „Ofenbrand": Gefäße und Brennmaterial sind getrennt.

Kultisches Gefäß mit Tierköpfen, rotschwarze Ware aus Vousnous, antikes Zypern, mit Ritzdekoration; Höhe 15,8 cm. (Museum für Archäologie und Anthropologie, Cambridge)

„Offener" Brand

Obwohl der „offene Brand" (das Brennen im offenen Feuer) kaum oder gar keine Bauten erfordert, sind doch gute Ergebnisse dabei abhängig von großer Erfahrung und ausgeprägter Beobachtungsgabe. Gefäße und Brennmaterial müssen mit großer Sorgfalt zusammengesetzt werden. Da ein Großteil der Hitze, die bei offenem Feuer vom über den Gefäßen aufgeschichteten Brennmaterial erzeugt wird, in die Luft steigt, muß eine gewisse Menge von Brennstoff auch unter den Gefäßen angeordnet werden. Oft bedecken die Töpfer auch Gefäße und Brennmaterial mit einer Deckschicht nicht brennbaren Materials wie Scherben, Steinen, nassem Gras oder Lehm, um die Hitze darunter zu halten. Wenn man in diesen Abdeckungen Löcher läßt, kann Luft einströmen, sich zwischen dem Brenngut verteilen und durch die Löcher wieder austreten, was zu stärkerer Hitzeausbeute führt. Die Zirkulation kann noch weiter verbessert werden, indem man Brenngut und Feuerungsmaterial auf Steine setzt, die ausreichende Lücken aufweisen, um Luft dazwischen in die Flammen aufsteigen zu lassen.

Einige Töpfer nutzen auch vorherrschende Winde, um die möglichst vollständige Verbrennung durch intensive Luftzufuhr zu fördern. Manchmal gibt es „Ausreißer" nach oben, aber die Temperaturen übersteigen kaum einmal 1000 Grad und liegen normalerweise erheblich niedriger. Wenn das bedeckende Brennmaterial abgebrannt ist, stehen die Gefäße in freier Luft; ein plötzlicher Temperatursturz kann bei Gefäßen mit großer Öffnung zu Sprüngen am Rand führen, weswegen man sie gewöhnlich mit dem Boden nach oben einsetzt. In dieser Stellung heizt sich der Rand langsamer auf und wird gegen Abkühlung durch Asche und Glut geschützt. Bei dünnwandigen Gefäßen muß man wegen der Auswirkungen der Temperaturveränderung weniger besorgt sein; man kann sie aus dem Feuer nehmen und ziemlich rasch auskühlen lassen.

Ein gewisses Maß an Temperatursteuerung läßt sich durch die Auswahl der Brennstoffe erreichen. So verbrennt z.B. Tierdung langsam und gleichmäßig und sorgt dadurch für einen allmählichen Anstieg der Temperatur, während Gras, Stroh und Zweige rasch verbrennen und dadurch einen schnellen Temperaturanstieg bewirken. Bei Gefäßen ist bei Verwendung rasch verbrennender Materialien gewöhnlich ein „Vorbrand" erforderlich, durch den die Feuchtigkeit im Ton verdunstet, damit die Gefahr des Zerspringens während des Brandes vermindert wird. Ein überraschend hohes Maß an Steuerung kann bei offenem Feuer dadurch erreicht werden, daß man bei steigender Temperatur entweder zusätzliches Brennmaterial hinzufügt oder es neu arrangiert. Eine Überwachung der Temperatur ist möglich, indem man entweder die Farben der Flammen genau beobachtet oder die Farbe der Gefäße. Wichtig ist beim Nachlegen von Brennmaterial ordentliches Schüren, um die Hitze gleichmäßig und wirksam zu verteilen.

Trotz aller Steuerungsbemühungen der Töpfer mittels sorgfältiger Schichtung von Gefäßen und Heizmaterial ist es weiterhin nahezu unmöglich, während des gesamten Brennvorgangs eine wirklich oxidierende Atmosphäre aufrechtzuerhalten. Das ist der Grund dafür, daß viele der nach dieser Methode hergestellten Gefäße deutliche „Schmauchspuren" zeigen, auch wenn diese durchaus nicht gewollt sind. Tatsächlich werden auch solchermaßen gezeichnete Gefäße als geringerwertig betrachtet und erbringen auf den regionalen Märkten niedrigere Erlöse als Gefäße, die entweder vollständig oxidierte oder vollständig reduzierte Oberflächen haben.

Variationen des Brandes auf offenem Feuer

Es wurden verschiedene Varianten für das „offene Brennen" entwickelt. So ist z.B. der Brand in einer Grube sehr gut für schwarze oder geräucherte Töpferware geeignet. Beim Brennen in einer Vertiefung ist es leichter, die Luft abzuhalten und eine reduzierende Atmosphäre zu schaffen. Beim Meilerbrand werden Gefäße und Brennmaterial mit einer Schicht von Erde, Dung oder Laub u.ä. abgedeckt (siehe dazu die Illustration auf Seite 115). „Schwarze Ware" läßt sich auch dadurch erzeugen, daß man Gefäße und Brennmaterial in größere Behälter schichtet und diese entsprechend dicht verschließt.

Brennen in „Einfach-Öfen"

Öfen, in denen Gefäße und Brennstoffe gemeinsam untergebracht werden, stellen ein Übergangsstadium zwischen dem Brand auf offenem Feuer und der hochentwickelten Technik der Öfen mit Luftstromregulierung dar; wir bezeichnen sie deshalb als „Einfach-" oder auch „Übergangs-Öfen". In solchen Fällen baut man ein Gehäuse, oft auf rundem Grundriß oder auch mit drei oder vier geraden Außenwänden. Die Luftzufuhr und Beschickung erfolgt durch Öffnungen am oder nahe am Boden; die Luftzufuhr gewährleisten Lücken, die man zwischen den Gefäßen und dem Brennmaterial läßt. Bei dieser Methode liegt der Vorteil darin, daß Gefäße und Brennmaterial eine Stütze an den Wänden finden und eine gewisse Stetigkeit des Brennvorgangs gewährleistet ist; sie stellt ein Zwischenstadium zwischen dem Brand auf offenem Feuer und „echten Öfen" dar.

Brennmaterialien

Die hauptsächlichen Materialien für das Brennen auf offenem Feuer und in einfachen Öfen sind landwirtschaftliche Abfallstoffe. Je nach der geografischen Lage der entsprechenden Region können das Stroh oder Dung sein, abgeschnittene Rebenzweige, Strünke, Baumwollabfälle, Flachshüllen, Bohnenschoten, Zuckerrohrtrester, ausgequetschte Olivenschalen oder sonstige Ölfruchtrückstände, Sägespäne, Kokosnußschalen oder auch alte Autoreifen – womit nur einige Beispiele genannt sind. Brennstoffe aus landwirtschaftlichem Abfall haben den Vorteil, daß sie alljährlich neu anfallen; Holz dagegen ist ein Rohstoff, bei dem man befürchten muß, daß er sich erschöpft oder doch jedenfalls nicht mehr in ausreichender Menge zur Verfügung steht.

Primitive Brennmethoden in Kulturkreisen unserer Zeit

Im folgenden Kapitel stellen wir die Gestaltungs- und Brenntechniken von Töpfern aus drei Ländern vor: aus Nigeria, aus Indien und aus dem Südwesten der Vereinigten Staaten. Sie nutzen dabei die verschiedensten Methoden des Formens von Hand: das Aufwülsten, die Arbeit mit Modelformen, das Klopfen des Tons und die Arbeit mit der Töpferscheibe. Die Musterbeispiele aus dem Schaffen der nigerianischen und indianischen Töpferinnen und Töpfer weisen komplette Schwarzfärbung auf, erreicht durch vollständig reduzierende Atmosphäre beim Brand. Demgegenüber zeigen die Erzeugnissse aus Indien abwechslungsreiche Rauchmuster als Ergebnis einer gemischt oxidierenden und reduzierenden Atmosphäre.

Töpfern in Nigeria

Herbert Reed schrieb einmal, daß von allen Künsten die Töpferei der sicherste Weg sei, wenn man den Charakter eines Volkes kennlernen wolle. Die Merkmale, die er dabei anführt, daß nämlich Töpferei abstrakt, unbewußt, weit verbreitet und ein Erzeugnis einfacher Leute aus dem Volk sei, trifft haargenau auf die traditionelle Töpferei Nigerias zu. Die dortigen Töpfereierzeugnisse dienen entweder zur alltäglichen Nutzung als Behälter für Flüssigkeiten, zur Aufbewahrung von Speisen, als Vorratsbehältnisse für Getreide, aber auch Kleidung und persönlichen Krimskrams – oder zu rituellen und zeremoniellen Zwecken.

Die Schönheit nigerianischer Tongefäße wird weltweit anerkannt, obwohl sie gar nicht mit ästhetischer Zielsetzung gefertigt werden. Ihre Formen haben sich über Jahrhunderte hinweg aufgrund praktischer Überlegungen und Erkenntnisse entwickelt. Fast überall in Afrika fertigen die traditionellen Töpferinnen und Töpfer immer und immer wieder die gleiche Art von Gefäßen; der oder die eine versteht sich besonders gut auf Kessel zum Bierbrauen, andere wieder sind auf Fleischtöpfe spezialisiert und so fort. Indem diese eine Gefäßform immer wieder verbessert und überarbeitet wird, wird schließlich ein Punkt erreicht, wo eine weitere Steigerung nicht mehr möglich ist. Michael Cardew meinte dazu: „Es überrascht nicht, daß durch diesen Verzicht auf Unerhebliches die Töpferei eher an Ausdruckstärke gewinnt statt verliert.“

In Nigeria werden diese Töpferwaren meist während der Trockenperiode von den Frauen hergestellt; die dabei benutzten Methoden der Fertigung von Hand unterscheiden sich je nach der Gegend. Die niedrigen Brenntemperaturen bewirken, daß diese Gefäße dann zum Kochen unmittelbar auf das offene Feuer gesetzt werden können, ohne daß man ein Zerspringen befürchten muß. Das verwendete Rohmaterial ist eine Mischung von etwa 1:1 aus örtlichem Ton und einem „Härter“, der entweder aus feingestampftem Gestein oder Sand oder teilgebranntem und bis zur gewünschten Feinheit zerstoßenem Ton besteht. Oft werden auch alte, zerbrochene Gefäße kleingestampft und der Mischung beigegeben.

Bei den Gwari ist die folgende Methode zum Formen der Gefäße traditionell: Die Töpferin gibt ein Stück Ton in eine flache Kalebasse und klopft daraus mit der Hand eine schwach gewölbte Form. Dann baut sie, rückwärts um den Topf herumgehend, mit rhythmischen Handbewegungen dessen Wandung in leicht schräger Richtung auf, wobei ein großer Topf mit geraden Wänden und noch ungleichmäßiger Randung und Wandung entsteht, der auf der Innenseite diagonale Kanneluren als Spuren der Finger zeigt. Als nächstes werden an die Innenseite dicke Tonwülste gefügt und mit den gleichen leicht schrägen Bewegungen flachgedrückt. In diesem Stadium nimmt der Topf allmählich sphärische Form an. Wenn man dann an der Schulter die Wülste außen

Dieser nigerianische Kochtopf, Durchmesser 30 cm, entstand beim Stamm der Hausa in der Region Kano. Solche Töpfe werden dort von den Männern gefertigt, die dabei mit der Hammer-und-Amboß-Methode arbeiten. Beim Glätten wurde ein Muster aufpoliert; der Topf wurde nach dem Brand durch Reduzierung in feuchten Blättern geschwärzt. (Leihgabe Joy Voisey, Foto James Austin)

Frau beim Töpfern:
Diese Frau vom Stamm der Nupe läuft rückwärts um das entstehende Gefäß herum, während sie an der Innenwand den Ton von unten nach oben streicht.
(Foto John Leach und Nick Rees von der Muchelney Pottery in Somerset)

Diese Töpferin vom Stamm der Yoruba formt ein Gefäß über einem gewölbten Model.

(Foto Joy Voisy)

Die fertigen Töpfe warten auf den Brand; im Hintergrund sind die gewölbten Model zu sehen.

(Foto Joy Voisey)

ansetzt, ändert der Umriß seinen Verlauf und kurvt nach innen. Wenn sich die Arbeit dem Ende mit dem Glätten des Randes nähert, bewegt sich die Töpferin schneller um das Gefäß, wobei sie gelegentlich die Richtung ändert, damit es ihr nicht schwindlig wird. Diese Methode erfordert nur geringen Zusatz von Wasser, ausgenommen die Glättung des Randes und Halses; man braucht dabei nur ungefähr 30 Minuten, um einen annähernd 50 cm hohen Topf fertigzustellen.

Bei den Yoruba verwendet man herkömmlicherweise einen umgestülpten alten Topf als gewölbten Model; er wird mit Asche eingestäubt, damit der feuchte Ton nicht anklebt, und dann mit einer Schicht Ton überzogen, die behutsam mit einem paddelförmigen Holz angeklopft wird, bis eine annähernd halbkugelige Form erreicht ist. Sobald diese Nachformung lederhart ist, wird sie in Aufwülsttechnik ergänzt, wobei die Töpferin wieder rückwärts um den Topf herumläuft. Schließlich wird ein flacher, unterteilter Rand angesetzt, die ganze Oberfläche wird mit Wasser geglättet und zum Schluß mit Hilfe eines feuchten Lederstücks, eines Lumpens oder auch eines Blattes poliert. Durch die Nutzung der Abformtechnik lassen sich auf diese Weise sehr rasch Gefäße fertigen.

Bei den Hausa im Norden Nigerias ist die Töpferarbeit Männersache. Nach der Hammer-und-Amboß-Methode fertigen die Töpfer dort große Wasserkrüge mit einem Fassungsvermögen von 200 Litern. In dieser Technik lassen sich Wandstärken von nur 2,5 mm erreichen, weswegen diese Krüge besonders leicht sind; schmale Hälse sollen der Vemeidung und Verminderung des Verschüttens und Verdunstens dienen.

Der Töpfer beginnt seine Arbeit mit einem Klumpen vorbereiteten Tons, einer Schüssel voll Holzasche, einem Hammer aus gebranntem Ton und einem schalenförmigen Amboß aus einem dicken Hartholzstück mit leicht gewölbter Basis. Der Ton wird auf den mit Asche bestreuten Amboß gelegt und mit dem Hammer bearbeitet; auch in das entstehende Gefäß wird Asche gestreut, damit nicht Ton am Hammer kleben bleibt. Die Rohform des Gefäßes kann innerhalb weniger Minuten fertiggestellt werden, der Rand wird in lederhartem Zustand angefügt. Die Methode erinnert stark an das Hämmern von Messing oder Kupfer.

Für die Dekoration dieser Gefäße gibt es zahlreiche Varianten, und einige davon haben durchaus funktionalen Ursprung. So sorgt etwa das Glätten nicht nur für eine schön polierte Oberfläche, sondern das Gefäß wird dadurch auch fester. Zum Polieren verwendet man entweder glatte Kiesel oder eine Schnur mit aufgefädeltem Samen des Affenbrotbaums. Vertiefte oder erhabene Dekorationen finden sich ebenso wie weiße, rote oder schwarze Schlickerapplikation. Die Muster zeigen oft enge Verwandschaft mit traditionellen Motiven der Körperbemalung oder solchen, die der Verzierung von Kalebassen und Hauswänden dienen.

Schwarze Lüstergefäße werden in erheblichem Umfang dadurch erzeugt, daß man sie einem Reduktionsbrand unterzieht. Wenn sie fast trocken sind, werden mit einem Kiesel Muster aufgerieben wie beim Polieren. Für das Brennen benutzt man feuchtes Gras, und wenn die Gefäße rotglühend sind, holt man sie aus dem Feuer und deckt sie mit feuchten Blättern ab, um Glut und Hitze einzudämmen. Nach wenigen Minuten legt man sie in eine Flüssigkeit, die aus den Hülsen einer einheimischen Bohnenart zubereitet wurde und auf den heißen Oberflächen der Gefäße verdampft, wodurch der Kohlenstoff in den Poren versiegelt wird. Wo die Muster aufpoliert wurden, glänzt der Ton nun lüsterartig schwarz, während die restlichen Flächen ein stumpfes Schwarz zeigen.

Der Brand findet auf einer mit Steinen oder Klumpen gebrannter Erde markierten kreisrunden Fläche statt, die man mit Reisig abgedeckt hat. In ihrer Mitte werden die großen Gefäße aufgestapelt, und ringsherum und obendrauf die kleineren bis zu einer Gesamthöhe von etwa zwei Metern oder sogar mehr. Die Brennfläche kann einen Durchmesser von drei bis fünf Metern haben, aber das ist von Gegend zu Gegend verschieden. Die Gefäße werden gelegentlich mit einem niedrigen Lehmwall umgeben oder einem Ring außer Gebrauch genommener Wasserkrüge; auch finden größere alte Töpfe als Brennkapseln Verwendung. Manche Töpfer legen ein paar Kieselsteine in jedes Gefäß, um das Zerspringen zu verhindern.

Der Stapel wird nun mit trockenem Gras oder Palmwedeln abgedeckt. Das Brennen selbst ist auffällig kurz und dauert manchmal nicht länger als zwanzig Minuten. Daß die Gefäße den Hitzeschock aushalten, liegt zum Teil an der groben Struktur des Tonkörpers, vor allem aber daran, daß sie vor dem Brand vorgeheizt werden. Dazu verbrennen manche Töpfer trockenes Gras im Inneren ihrer Gefäße, andere setzen sie umgestülpt in die Glut eines Holzfeuers.

Die Vorbereitung der Bettung für den Brand: der Boden wird mit einer etwa zehn Zentimeter hohen Schicht aus Reisig, Rinde oder Zweigen bedeckt.

Die Töpfe werden mit der Unterseite aufs Holz gesetzt.

Ein großer Topf wird zur Brandstelle getragen.

Die Gefäße werden mit einer etwa dreißig Zentimeter hohen Schicht aus Elefantengras und Reisstroh bedeckt.

Das Feuer wird entzündet. Der Brand geht sehr rasch vor sich – schon nach einer halben Stunde ist das Feuer heruntergebrannt, die Flammen erlöschen allmählich, doch im Inneren verbleibt eine glühende Masse. Nach etwa 24 Stunden nimmt man die Gefäße heraus.

Frauen vom Stamm der Nupe in Kwashikopo/Nigeria brennen im Freien ihre Tongefäße. (Alle Fotos oben von John Leach und Nick Rees von der Muchelney Pottery)

Indische Töpfer

In der indischen Mythologie formte Viswakarma, der himmlische Handwerker, den allerersten Topf, indem er von jedem Gott ein wenig von dessen *Kala* (Geist) nahm, aus dem ihre Körper gemacht waren. Aber natürlich reichte ein einziger Topf nicht aus für die Bedürfnisse der Welt. Als der Gott Shiva Sati heiratete, war kein Gefäß oder Behältnis vorhanden, das man für die Hochzeitszeremonie hätte verwenden können, und so schuf er die Kaste der Töpfer, um Wasserkrüge herzustellen.

Die indischen Töpfer bilden eine Handwerkerkaste, zu der auch die Maurer, die landwirtschaftlichen Arbeiter und die Zigarettenverkäufer gehören. Der indische Name für den Töpfer ist *Kumbhakarah* (d.h. etwa „einer, dessen ererbte Beschäftigung hauptsächlich die Herstellung irdener Gefäße ist"). Die Ursprünge des Handwerks lassen sich zurückverfolgen bis zur Industal-Kultur. Für einen Hindu ist es Pflicht, die Wertvorstellungen seiner Kaste einzuhalten, das System der überkommenen Berufung fortzuführen und die Fertigkeiten von einer Generation zur anderen weiterzugeben.

In ganz Indien findet man in fast allen Dörfern und Städten Töpferwerkstätten, in denen niedrig gebrannte, unglasierte Haushaltsgefäße hergestellt werden wie die kleinen *Kulhars* (Teetassen, -schalen), die grazilen langhalsigen *Surahis*, in denen das Wasser kühl bleibt, große Krüge zum Aufbewahren von Getreide oder Gewürzen, Kochtöpfe und Teller. Auch Tonfiguren von Göttern und Göttinnen, Fliesen und Ziegel werden angefertigt. Die zunehmende Vorliebe für Metallgefäße und das Vordringen von Plastikgeschirr hat zwar zu einer Verringerung der Produktion von Tonwaren geführt, aber die tönernen Wasserkrüge sind unersetzbar wegen ihrer Fähigkeit, das Wasser kühl zu halten.

Beschädigte Wasserkrüge in Goa mit dunklen Rauchspuren, in einem großen Stapel gebrannt, der mit einer dicken Schicht aus Stroh, Dung, Tonscherben und Tonschlempe bedeckt wurde. Als Brennmaterial dienen Kokosnußschalen. (Foto Jane Perryman)

Nahe bei Delhi liegt ein Dorf namens Bindapur, wo 700 Töpfer zusammen leben und arbeiten. Eine ähnliche, wenn auch kleinere Gemeinschaft habe ich kennengelernt in der Stadt Pune. Die sozialen Verhältnisse in Bindapur sind sehr typisch: es gibt weder Wasserversorgung noch Abwasserbeseitigung noch elektrisches Licht. Die Frauen müssen das Wasser von einem einzigen zentralen Brunnen holen, die Häuser und Werkstätten hat man aus Tonscherben gebaut. Die indischen Töpfer müssen lange arbeiten und verdienen dabei wenig, ihr Leben ist geprägt von Härte und Armut.

Den Töpfern in der Stadt wird der Ton mit einem Lastwagen gebracht; jene auf dem Land wissen selbst, wo sie ihren Bedarf finden und ausgraben können. Der pulverisierte Ton wird als Schlempe angesetzt und in einen Trog gesiebt, damit er sich setzt. Die Wasserschicht oben wird abgegossen, die mittlere Schicht wird in der Sonne getrocknet, bis sie knetbar ist. Dem Ton werden die verschiedensten Materialien als Festiger zugesetzt, so etwa Asche, Sand, Sägemehl, Tierdung, Kleie und Spelzen.

Die Form- und Brenntechniken sind in den verschiedenen Regionen Indiens recht unterschiedlich, denn jede hält sich an ihre eigenen Traditionen. Von-Hand-Techniken wie Aufwülsten, Klopfen und Modelabformung sind ebenso in Gebrauch wie die Verwendung der Töpferscheibe; oft werden verschiedene Techniken miteinander kombiniert. Brennen im offenen Feuer ist weit verbreitet, ebenso aber der Meiler- und der Ofenbrand.

Die indische Töpferscheibe ähnelt dem Rad eines Karrens und hat einen Durchmesser von gut 90 Zentimetern. Die Mitte bildet eine starke Scheibe aus Stein, Zement oder Holz, an welcher ein äußerer Rand mit hölzernen Speichen befestigt ist. Die Scheibe sitzt auf einer eisernen oder hölzernen Achse, die in einen am Boden befestigten Zapfen mündet; der Antrieb erfolgt von Hand oder mit Hilfe eines Bambusstocks.

Ein typischer Wasserkrug kann mit Hilfe zweier halbkugeliger Model hergestellt werden. Ein Model besteht aus gebranntem Ton und zeigt vertieft eine Reihe geometrischer Motive. Zunächst wird Ton auf der Drehscheibe in die Form einer flachen Scheibe gebracht und dann in den Model hineingeknetet; für die zweite Hälfte des Kruges wird auf gleiche Weise ein undekorierter Model benutzt. Mit einem Tonwulst werden die beiden Hälften miteinander verbunden, und wenn der lederharte Zustand erreicht ist, wird oben ein Loch hineingeschnitten. Der Krug wird auf die Töpferscheibe gesetzt und dort zentriert, und aus einem oben um die Öffnung gesetzten Tonwulst wird der Hals geformt.

Andere große Gefäße stellt man her, indem man einen auf der Töpferscheibe gedrehten Zylinder mit der Hammer-und-Amboß-Methode auf das Dreifache seines ursprünglichen Formats vergrößert. Der Zylinder wird so geformt, daß die Schicht am Boden ziemlich dick ist, und dann läßt man ihn steif werden. Der Boden wird verfestigt und gerundet, indem man ihn in einer flachen Schale aus gebranntem Ton hin und her rollt. Die Wände werden dünner gemacht und in Form gebracht mit Hilfe eines Ambosses und eines paddelförmi-

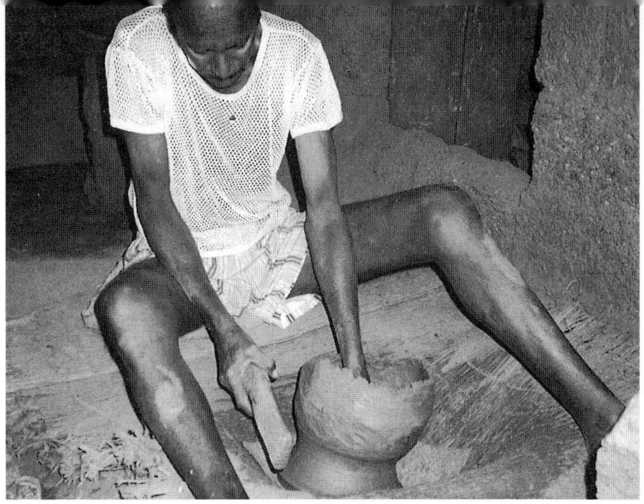

Gabriele Siqueise aus Anjuna in Goa beim Klopfen eines Wasserkruges. Der auf der Töpferscheibe gedrehte Hals ist über Nacht lederhart geworden. Eine Vertiefung im Boden ist mit Stroh und einer Kokosnußmatte ausgelegt. Gabriele sitzt vor der Vertiefung, der gedrehte Hals ruht zwischen seinen Beinen; zur Seite hat er einen großen Tonklumpen, einen großen Flußstein, ein flaches Stück Holz und ein nasses Tuch, um die Werkzeuge feucht zu halten. Das untere Ende des Halses wird in Form geklopft, während der Krug in der Vertiefung gedreht wird und das Gefäß allmählich seine bauchige Form erhält.

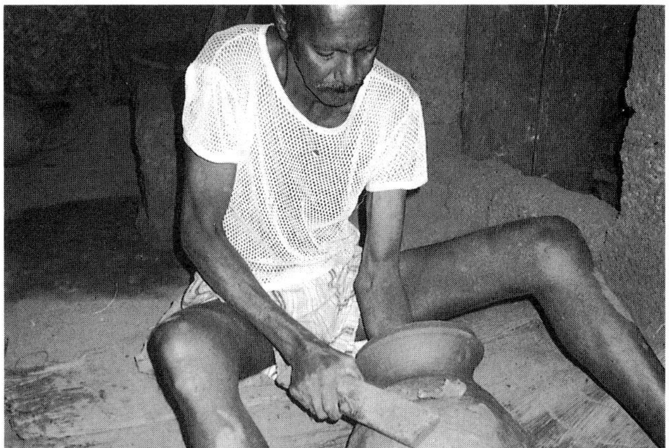

Klopfen mit dem paddelförmigen Holz.

Später macht er ein Loch in die Wandung, damit er die Hand durchstrecken kann, um eine schöne Rundung zu erreichen. Jetzt sieht der Krug aus wie ein Ballon, aus dem Luft entwichen ist; man läßt ihn über Nacht auf dem abgebrochenen Halsstück eines alten Kruges ruhen, damit er lederhart wird.

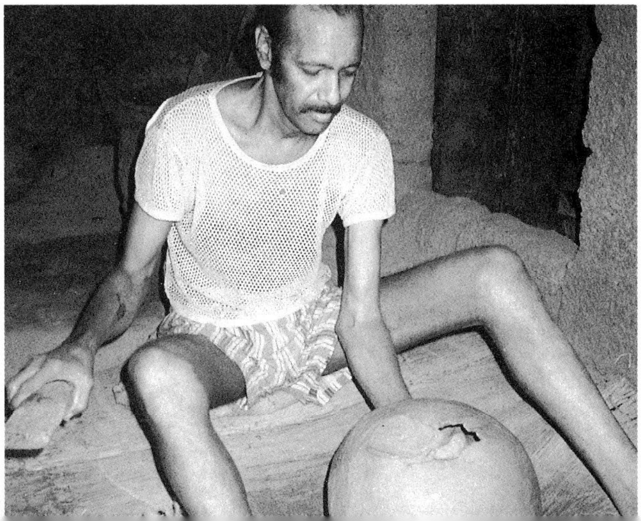

Später bringt man den Krug wieder zu der Vertiefung, und die Bearbeitung mit dem Holzklopfer beginnt aufs neue, damit die Wandung weniger als ein Zentimeter dick wird und die Ausdehnung des Kruges zunimmt. Um den Boden fertigzustellen, muß man erneut ein Loch in die Wandung machen.

Der fertige Krug ist nun wohlgerundet und glatt und wird zum Trocknen weggestellt. Mit Kalk zur Straßenmarkierung wird noch ein Linienmuster aufgetragen, und dann ist der Krug bereit zum Brennen. (Alle Fotos von Jane Gibson)

gen Holzes. Dabei streut man Asche auf die Oberfläche, um ein Ankleben beim Klopfen zu verhindern. Ganz zum Schluß wird die Öffnung des Kruges mit einem Deckel aus gebranntem Ton verschlossen und versiegelt, und dann wird der Krug hochgehoben und kräftig geschüttelt, damit der Luftdruck im Inneren die Rundung noch etwas auftreibt und gleichmäßig macht.

Das Aufwülsten aus flachen Tonstreifen ist eine weitere verbreitete Technik, die vor allem für große Getreide- oder Wasserbehälter und Öfen Verwendung findet. Die Form wird aufgebaut aus Ringen, die auf beiden Seiten mit klebrigem Ton verbunden werden. Jeweils nach dem Aufsetzen von drei oder vier Ringen wird die Wand des Gefäßes geklopft, um eine stabile Verbindung der Ringe zu gewährleisten, und wenn die Rohform fertiggestellt ist, sorgt weiteres Klopfen für gleichmäßige Stärke der Wandung und eine Vergrößerung des Gefäßes. Der Rand wird mit einem weiteren Tonstrang gestaltet.

Die Oberflächenbehandlung schließt Polieren, einen Schlickerüberzug und die Applikation geometrischer Muster mit farbigem Schlicker ein.

Schwarze Ware wird in vielen Teilen Indiens mit Hilfe der Reduktionsmethode erzeugt, entweder im offenen Ofen oder in mit brennbarem Material gefüllten Kapseln. Die *Saharis*, die zum Servieren von Wasser dienen, sind typische geschwärzte Gefäße. Sie werden im Wohnbereich aufgestellt, und man gießt daraus den Gästen Wasser ein. Die Hindus halten es Gästen gegenüber für höflicher, Wasser aus

Wasserkrüge in Pune:
Diese Krüge werden bis zur halben Höhe auf der Töpferscheibe gedreht und dann in lederhartem Zustand durch Klopfen fertiggestellt, wobei man im Inneren mit einem polierten runden Stein und außen mit einem paddelförmigen Stück Holz arbeitet. Gebrannt werden sie in einer in den Boden gegrabenen Grube mit einer Schicht von Dungfladen und Abfällen oder Stroh darunter und einer Abdeckung von Lehm darüber. Die Reduktionsatmosphäre wird erreicht, indem man sorgfältig jede Lücke oder Ritze in der Abdeckung verstopft. (Foto Jane Perryman)

solchen Gefäßen zu gießen statt es aus größeren Behältern zu schöpfen. Diese *Saharis* gelten als repräsentativer als gewöhnliche oxidierte rote Ware, und daher lassen sich dafür höhere Preise erzielen.

Auch für das Brennen sind die Männer zuständig. Die Konstruktion des Ofens, *Madani* genannt, und das Einsetzschema für die Gefäße sorgen für entsprechenden Luftzug innerhalb des Ofens, um die Hitze bestmöglich zu nutzen. Als erstes legt man auf den Boden eine Schicht mißratener Gefäße aus früheren Bränden, die so angeordnet werden, daß dabei Tunnels oder Schächte entstehen, durch die man dann brennenden Dung einführen kann, um die unterste Lage des als Brennmaterial dienenden Baumwollabfalls zu entzünden. Etwa 100 Gefäße werden nun aufrecht in konzentrischen Kreisen eingesetzt. Auf diese stellt man 100 weitere mit der Öffnung nach unten, so daß sie auf den Öffnungen der unteren Lage aufsitzen. Dungfladen (Scheiben mit Stroh vermischten Dungs) werden auf die Böden der oberen Gefäße gelegt, und darauf kommt wieder eine Schicht von Baumwollabfällen. Die nächsten beiden konzentrisch um einen Innenschacht angeordneten Lagen bestehen aus seitlich gelegten Gefäßen; auch sie werden wieder mit Dungfladen bedeckt. Das Ganze wird wiederholt, bis schließlich acht Lagen von Gefäßen mit vier Schichten Dung dazwischen aufgebaut sind.

Nun wird der ganze Stapel allseits mit gegebenenfalls aufrecht stehenden Dungscheiben abgedeckt, und um diese wird eine Schicht von Scherben aufgebaut, um die Hitze innen zu halten. Um die Scherben packt man eine Lage Reisstroh, die mit Tonschlempe übergossen wird, welche wiederum mit Asche bestreut wird. Ton und Asche verbinden sich zu einer

Ein Töpfer in Maharashtra formt mit den Füßen die Kanäle im Sägemehl, das die unterste Schicht in der Brenngrube bildet. Die Gefäße werden dann sorgfältig so eingesetzt, daß Kanäle für den Luftstrom entstehen, um die Hitze möglichst effektiv zu nutzen. Dabei bilden die größeren Gefäße die unteren Schichten und die jeweils kleineren die oberen. Sie werden mit Reisstroh bedeckt, auf das eine luftdichte Abdeckung aus einer Mischung von Asche, Reishülsen und Wasser kommt. Als Heizmaterial werden Dungfladen verwendet, die sich allmählich entzünden und ihrerseits dann wieder das Sägemehl in Brand setzen. Das Feuer wird dann mit Holz weiter geschürt.

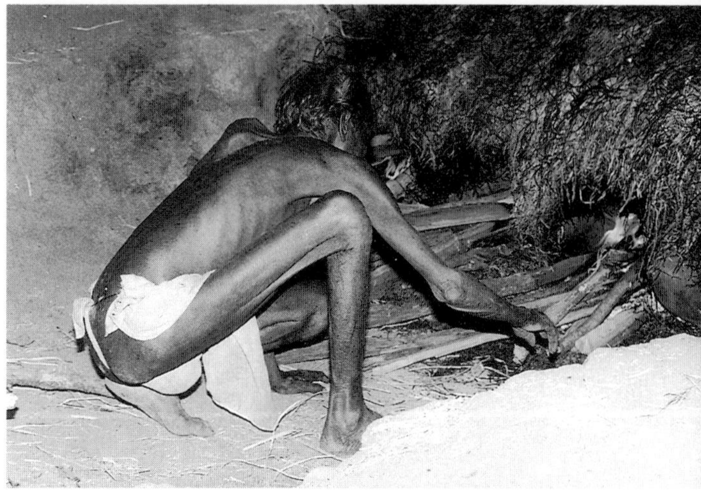

Der Töpfer schiebt Zweige und Holzstücke in die zwischen den Gefäßen gelassenen Kanäle. (Beide Fotos von Indru Ram Bhatia)

Kruste, die das Ausströmen der Hitze nach außen während des Brennens größtenteils verhindern kann. Am Boden hat man einen Streifen von dieser Kruste frei gehalten, damit die zur Verbrennung nötige Luft einströmen kann.

Das Feuer breitet sich allmählich aus, bis es alle Dungfladen erfaßt hat. Am nächsten Morgen beginnen Teile der Ton-Asche-Kruste abzufallen, und die Töpfer wissen dann, daß in diesen Bereichen der Brand beendet ist. Die entstehenden Lücken werden mit Baumwollflachs und Asche abgedeckt, um ein Austreten des Kohlenstoffs zu verhindern.

Diese Arbeit wird unter Teilnahme der ganzen Familie noch für etwa zwei Stunden fortgesetzt, bis das gesamte Brennmaterial verbrannt und die Sauerstoffzufuhr unterbunden ist. Schließlich werden über die Schächte Sägemehl und Baumwollabfälle zugeführt, damit die eingesetzten Gefäße schwarz werden, und die Schächte werden mit Asche luftdicht verschlossen, damit der Karbonisierungsprozeß zum Abschluß kommen kann. Es dauert dann etwa zwei Tage, bis die Gefäße ausgekühlt sind und der *Madani* geöffnet werden kann, um sie herauszuholen.

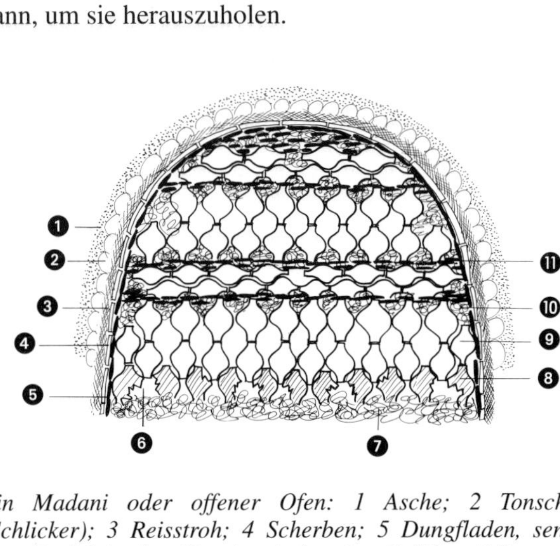

Ein Madani oder offener Ofen: 1 Asche; 2 Tonschlempe (Schlicker); 3 Reisstroh; 4 Scherben; 5 Dungfladen, senkrecht gestellt; 6 Schächte (Züge) zwischen den Gefäßen; 7 Baumwollabfälle; 8 mißratene oder schadhafte Gefäße; 9 Saharis; 10 Baumwollabfälle; 11 Dungfladen.

Pueblo-Töpfer im Südwesten der Vereinigten Staaten

Die altamerikanischen Kulturen kannten die Töpferscheibe nicht, und doch zählen die Erzeugnisse ihrer Töpferkunst zu den schönsten der Welt. Es ist eine hohe Herausforderung, absolut symmetrische dünnwandige Gefäße allein in der Aufwülsttechnik zu fertigen und makellos polierte Oberflächen zu erzeugen, an denen man keine Spuren des Striches sieht. Die Pueblo-Töpfer im Südwesten der Vereinigten Staaten haben internationale Anerkennung gefunden mit genau solchen Stücken für den allgemeinen Gebrauch und zeremonielle Zwecke und mit figürlichen und Tierdarstellungen.

Manche Gefäße wurden poliert und dann in Farbkombinationen von Weiß, Rot, Ocker und Schwarz mit mythischen Symbolen und stilisierten Mustern bemalt; man spricht hier von „polychromer Ware". Andere wieder wurden „geräuchert", um den Effekt schwarzen Lüsterdekors auf mattschwarzem Grund zu erzeugen oder schwarze Ware mit Ritzdekor; diesen Formen gilt im Rahmen des vorliegenden Buches mein besonderes Interesse. Diese schwarzen Gefäße werden vor allem in den Pueblos San Ildefonso und Santa Clara in Neu-Mexiko hergestellt. Bei den Pueblo-Töpfern herrschen Harmonie und gegenseitige Übereinstimmung zwischen dem Töpfer und seinen Werken, die sich da nicht finden läßt, wo die technische Entwicklung zur Trennung des Schöpfers eines Stückes von irgendeiner Stufe des Gesamtherstellungsprozesses führt.

Die Pueblo-Töpfer sprechen oft davon, daß sie den Ton „pflücken" würden, so wie man Blumen pflückt. Man betrachtet den Ton als Geschenk von Mutter Erde und schreibt ihm eine eigene Seele zu. Oft begleiten Gebets- und Opferrituale das Ausgraben des Tons, und bestimmte Fundstellen werden aufmerksam bewacht. Nach dem Ausgraben wird der Ton in der Sonne getrocknet, dann im Wasser gelöst und schließlich durchgesiebt, um kleine Steinchen und organische Verunreinigungen zu entfernen. Ein Härter aus Vulkanasche, die sich ebenfalls in der Gegend findet, wird im Inneren des Hauses unter Zuhilfenahme von Händen und Füßen unter den Ton gemischt. Der Zusatz dieses nicht formbaren Materials „öffnet" den Tonkörper und unterstützt gleichmäßiges Austrocknen und glatten Brand.

Polierte schwarze Ware im Ofen vor dem Brand. (Mit freundlicher Genehmigung von Betty Le Free)

Die Arbeit am Gefäß beginnt in einem *puki*, einer Art Model in der richtigen Größe und Form aus gebranntem oder getrocknetem Ton, der zur Formung des runden Bodens eines neuen Gefäßes dient. Dieser runde Boden ist wichtig für guten, festen Stand im Sand oder Split unter einem offenen Ofen. Ausgehend von der Grundform im *puki* wird dann die Gefäßwandung aufgebaut aus etwa 2,5 cm dicken Tonsträngen. Diese werden mit Hilfe besonderer Löffel, *kajapes* genannt, flach gedrückt und in Form gebracht. Kleinere Gefäße werden in einer Sitzung fertiggestellt, größere dagegen in mehreren, damit die einzelnen Teile dazwischen trocknen und fester werden können. Manche Stücke werden zunächst in Eimerform, mit geraden Wänden, aufgebaut, und erst dann verleiht man ihnen die gewünschte bauchige Form. Die Hälse formt man durch Quetschen („pinching") entsprechender Tonstränge, nachdem die Gefäßkörper fertig sind.

Die Pueblo-Töpfer gehen rücksichtsvoll mit dem Ton um, weil sie im Verlaufe von Jahrhunderten seine Grenzen kennengelernt haben. Sie sagen, sie würden den Ton selbst seine Form finden lassen, ohne bewußt Einfluß darauf zu nehmen; ihre Schlußgestaltung folge erst dann der vorgegebenen Form. Nora Naranjo Morse schreibt in Stephen Trimbles Buch „The Art of Pueblo Pottery":

> „Es ist nun einmal so, daß jede Empfindung, die ich in die Werkstatt mitbringe, in den Ton eingeht. Das läßt sich greifen. Die Beziehung zwischen mir und meinem Erzeugnis ist ein geschlossener Kreis, und Menschen, die auf meine Werke reagieren, treten in diesen Kreis ein. Sie werden Teil der Erfahrung, und darin liegt für mich der Sinn der Töpferei."

Sobald die Stücke trocken sind, was ein bis zwei Wochen dauern kann, werden sie beschabt und abgeschliffen. Messer und Teile von Blechbüchsen haben heute die früheren Werkzeuge aus Holz oder Stein ersetzt. Töpfer oder Töpferinnen machen diese Arbeiten im Sitzen, sie halten dabei das Gefäß im Schoß und drehen es langsam, damit sich ein gleichmäßiger Schaberhythmus ergibt, der dem Gefäß eine absolut symmetrische Form verleiht. Der abgeschabte Ton wird mit auf dem Boden ausgebreitetem Zeitungspapier aufgefangen und später wieder mit Wasser zu knetbarer Form aufbereitet.

Es verlangt lange Erfahrung und viel Geduld, durch das Wegschaben die gewünschte gleichmäßige Wandstärke zu

Schwarz-in-Schwarz-Gefäß von Mario Tapoya aus Santa Clara, Neu-Mexiko; Höhe 29 cm. (Museum für Archäologie und Anthropologie, Cambridge)

erreichen, ohne daß man die Wandung durchschabt. Anschließend wird durch kreisförmige Bearbeitung mit Sandpapier eine samtig glatte Oberfläche erzielt, die Voraussetzung für erfolgreiches Polieren ist. Wenn man in diesem Stadium auf kleine Risse oder Blasen stößt, kann man das mit frischem feuchtem Ton und einem nassen Tuch noch bereinigen. Bei größeren Fehlern muß man das Gefäß freilich wegwerfen.

Beim nächsten Arbeitsschritt wird das Gefäß mit Schlicker überzogen, der aus in der Gegend gewonnenem eisenrotem Ton gefertigt wird, der „gesumpft" und gesiebt wurde. Beim späteren Brand wird sich dieser Schlickerüberzug schwarz färben, wobei die Tiefe des Schwarztons bestimmt wird durch den jeweiligen Anteil von Metalloxiden. Wenn das Gefäß ausreichend mit Schlicker bedeckt und von diesem durchfeuchtet worden ist, beginnt das Polieren, wozu man Poliersteine benützt, die wie ein Schatz gehütet und von Generation zu Generation vererbt werden. Nach dem Polieren wird das Gefäß, damit es mehr Glanz bekommt, mit Öl oder Fett (Truthahn- oder Hühnerfett) eingerieben. Sobald Öl oder Fett eingedrungen sind, wird nochmals poliert, bis spiegelnder Glanz ohne Spuren des Polierens selbst erzielt ist.

Erfahrene Töpferinnen und Töpfer wissen genau, mit welchen Risiken das Polieren behaftet ist und welcher Erfahrung es bedarf, um sie auszuschalten. Fingertupfen muß man unbedingt vermeiden, weil die Spuren von Fett auf der Haut den Glanz beeinträchtigen würden. Daher wird das Gefäß jetzt nur noch mit einem Tuch gehalten und gedreht. Wenn die Wandung sehr dünn ist, besteht die Gefahr des Bruchs; beginnt der Schlicker zu trocknen, muß man befürchten, daß die Poliersteine Kratzer verursachen, und die lassen sich nicht wegpolieren – man muß den Überzug abschmirgeln und den ganzen Prozeß von vorne beginnen. Verträgt sich der Schlicker nicht mit dem Ton des Gefäßkörpers, wird er entweder während des Polierens oder beim Brand abblättern.

Nach dem Polieren wird man manche Gefäße in diesem Zustand belassen und andere mit einem zweiten, hitzebeständigeren graugrünen Schlicker dekorieren, der sich nach dem Brand matt gegen die übrige glänzende Fläche abhebt. Wenn die dekorierten Gefäße oxidierend gebrannt werden, wird das Resultat ein nicht glänzendes Muster auf der polierten Fläche sein; werden sie jedoch beim Brand mit Pferdemist abgedeckt, zeigt sich das Muster matt auf glänzendem schwarzem Grund. Das ist die von Maria Martinez und ihrem Mann entwickelte „Schwarz-auf-Schwarz-Ware".

In Stücke mit vertiefter Dekoration werden die Motive in lederhartem Zustand eingeritzt, also vor dem Schlickerüberzug und dem Polieren. Die Dekoration wird zunächst mit dem Bleistift aufgetragen und dann unter sorgfältiger Berücksichtigung der Wandstärke mit akkuraten Schnitten gleichmäßig tief eingekerbt. Die Schnittkanten werden mit Sandpapier geglättet, Ecken mit einem feuchten Tuch gerundet. Dann wird Schlicker aufgetragen, und die erhabenen Flächen werden poliert.

Die fertigen Stücke werden mit einem Tuch auf Regale verbracht oder auf Bretter gestellt und mit Tüchern bedeckt; man verwendet viel Sorgfalt darauf, die polierten Oberflächen vor Berührungen und Beeinträchtigungen zu schützen.

Die offene Feuerstelle wird ein wenig über dem Boden angelegt, um bessere Luftzufuhr und gleichmäßige Temperatur zu gewährleisten. Der dafür gewählte Platz muß einigermaßen eben und bewuchsfrei sein und liegt üblicherweise hinter der Töpferwerkstatt. Es ist wichtig, mit dem Brennen entweder früh am Tag oder abends zu beginnen, um zusätzliche Risiken durch den Wind zu vermeiden. Erforderlich sind normalerweise ein paar große Blechbüchsen,

Ernest Tapia stellt Rindenstücke rings um den offenen Ofen auf.

Der Ofen kurz vor dem Anzünden – Flora Naranjo und ihre Tochter Barbara Martinez. (Alle Fotos mit freundlicher Genehmigung von Betty Le Free)

Wellblechstücke in verschiedenen Formen und Größen, Eisenroste, Anschürholz, Kerosin, große Rindenstücke, Kuhdung, feiner Pferdemist und Asche. Gelegentlich entzündet man am Vorabend ein kleines Feuer, damit die Erde darunter völlig trocken ist.

Die Blechbüchsen werden aufrecht hingestellt. Das Anschürholz wird zwischen und rund um die Büchsen verteilt und mit Kerosin getränkt. Dann formt man aus den Wellblechstücken eine Art von Kasten über den Büchsen, wobei man sorgfältig darauf achtet, daß zwischen den Stücken keine Lücken bleiben, durch welche die Flammen von unten direkt die Gefäße erreichen könnten. Die Gefäße werden auf Rosten auf dem Boden des Kastens so aufgestellt, daß sie sich nicht berühren. Weitere Wellblechstücke dienen als Abdeckung und werden seitlich herumgestellt. Große Rindenstücke werden ringsum gestellt, und mit anderen wird der Wellblechdeckel vollständig belegt. Schließlich wird auf alles Holz und Dung gehäuft, und das Feuer wird entzündet.

Die Hitze ist so intensiv, daß das Wellblech innerhalb von 20 Minuten rotglühend ist. Es überrascht nicht, daß die Puebloindianer ihre Tonvorkommen wie einen Schatz hüten, denn nur wenige Tonarten auf der Welt überstehen ohne Schaden einen so raschen Temperaturanstieg. Wenn die Höchsttemperatur erreicht ist, wird das Feuer mit feinem Pferdemist erstickt. Man muß die Temperatur sehr aufmerksam im Auge behalten, denn wenn sie zu hoch ist, beeinträchtigt das den Lüsterglanz. Nach ein paar Minuten entfernt man die Wellblechstücke, die die Gefäße vor den Flammen schützten, und schiebt den Mist dicht über die Gefäße. Dies führt zu reduzierender Atmosphäre, der Rauch des schwelenden Dungs dringt in die Tonporen ein und färbt die

Das Feuer ist entzündet.

Flora Naranjo erstickt das Feuer mit feinem Pferdemist.

Gefäße dauerhaft schwarz. In diesem Stadium muß man mit Stöcken in dem Haufen herumstochern, um dafür zu sorgen, daß alle Gefäße gleichmäßig vom Mist bedeckt werden. Dann wird der Stapel mit Asche abgedeckt, um ein Austreten des Rauchs zu verhindern; denn wenn das geschieht, kommt es zu Sprenkelungen der schwarzen Oberflächen durch Oxidationsflecken. Nach 30 bis 45 Minuten nimmt man mit einer langen Stange die Gefäße heraus, und nach dem Auskühlen wird der Ruß mit einem Lappen abgewischt.

Die Pueblo-Töpfer sind daran gewöhnt, daß einige der Gefäße den Brand nicht überstehen; sie werden dann zerstampft, und das Material wird als Härter verwendet. Andererseits bewahren die meisten von ihnen ein paar Gefäße mit kleinen Sprüngen auf und schätzen sie. Im genannten Buch von Stephen Trimble vergleicht einer dieser Töpfer diese „Engel mit kleinen Fehlern“ mit Menschen, die einen körperlichen Schaden haben und trotz ihrer Blindheit oder Taubheit oder des Fehlens eines Gliedes nicht weniger geliebt werden: „Man sollte ein Gefäß mit einer kleinen Unzulänglichkeit nicht gleich zerschlagen. Man kann es genauso gerne mögen wie ein makelloses Gefäß.“

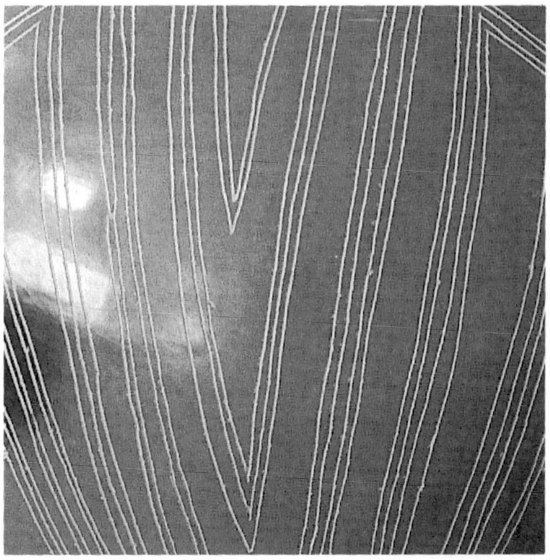

Rauchbrand im offenen Feuer

Die Töpferinnen und Töpfer, die wir im folgenden vorstellen, setzen darauf, ihre Stücke im offenen Feuer zu brennen. Sie können ungehindert den Fortschritt des Brenn- und Räuchervorgangs beobachten und direkt eingreifen, wenn ihnen das gewünschte Ergebnis erreicht zu sein scheint. Siddig El'nigoumi und Elspeth Owen verzichten auf jegliche Nutzung eines Containers oder sonstigen Behältnisses für ihr Gefäß. Die Ausrüstung ist ganz außerordentlich einfach, denn man braucht nichts als ein paar Bogen Zeitungspapier als Brennstoff und einen Stock, um das Gefäß daraufzustecken und das brennende Papier unter Kontrolle zu halten. Tessa Wolfe Murray bettet ihre Stücke in Sägemehl und steuert die Räucherung, indem sie in Testbenzin getränktes Sägemehl darauf streut und entzündet.

Siddig El'nigoumi

El'nigoumi heißt sinngemäß Sterngucker. Siddigs Stern ist von drei Kulturen geprägt: Er wuchs auf im Sudan, einem von arabischer und afrikanischer Kultur beeinflußten Land, und seine Muttersprache ist Arabisch; aber seit annähernd 30 Jahren lebt er in Großbritannien. Er formt von Hand Schüsseln und Gefäße, die er poliert und in die er Muster und Motive einritzt und die er dann mit Rauchspuren versieht. Seine Arbeiten spiegeln eine multikulturelle Mischung aus afrikanischer Polierkunst, arabischer Schönschreibtradition und britischen literarischen und illustrativen Inhalten wieder. Manchmal waren die Zeitungen, mit denen er seine Stücke räuchert, vorher Quelle seiner literarischen Inspiration – so etwa bei einer Schüssel, die er mit einem Kreuzworträtsel aus dem *Guardian* dekorierte.

El'nigoumi wuchs in einem Dorf am Weißen Nil auf, und eine seiner frühesten Erinnerungen ist, daß er dort Spielzeugzüge aus Ton formte. Während seiner Ausbildung als Lehrer ergab sich die Gelegenheit, die Kalligraphie zu erlernen; und die Illustrationen, die er für Kinderbücher und Zeitschriften fertigte, vermittelten ihm das notwendige Können für die Ritzdekorationen, für die er heute so bekannt ist. Als nächstes bekam er einen Platz an der Kunstakademie von Khartoum und schließlich ein Stipendium der Central School of Art in London für das Fach Töpferkunst. Dort lernte er auch seine spätere Frau Vicki kennen, die Textilkunst studierte. Sie kehrten gemeinsam in den Sudan zurück, wo sie als Lehrer tätig waren und eine Familie gründeten, ehe sie schließlich 1967 wieder nach England gingen.

Während der siebziger Jahre beschäftigte sich El'nigoumi mit unglasiertem Steinzeug, im dem sich die trockenen Sandlandschaften des Sudans widerspiegelten, und bezog Motive von nubischen Hausdekorationen mit ein. Während dieser Jahre der Wiederanpassung an eine ungewohnte Zivilisation reagierte er auf alles Neue mit dem Staunen eines Kindes – statt die Dinge als gegeben zu betrachten, sah er sie mit neuen Augen und drückte das in Schlickerdekorationen auf seinen Schüsseln aus. Er erinnert sich daran, daß ihm einmal auf einem Parkplatz die Richtungspfeile auf dem Asphalt aufgefallen seien. „Natürlich gibt es auch in Khartoum Parkplätze, aber dort stellt man seinen Wagen aufs Geratewohl irgendwohin hin." Anschließend schuf er ein Stück, in dem er diesen Eindruck wiedergibt. Sebastian Blackie hat seine Fähigkeit, solche Beobachtungen umzusetzen, beschrieben als „Würdigung des Unbedeutenden", worüber sich Siddig El'nigoumi sehr amüsiert.

Als Lehrer an der Farnham School of Art empfand er ein zunehmendes Bedürfnis der „Rückkehr zu seinen Wurzeln" (wie er es ausdrückt), und es fiel ihm eine Kaffeekanne ins Auge, die auf einem Regal in seinem Wohnzimmer stand und die er aus dem Sudan mitgebracht hatte. Sie war bei niedriger Temperatur gebrannt worden, und man hatte ihr (damit sie nicht porös wurde) ein begrenztes Sgraffito-Muster aufpoliert. El'nigoumi betrachtet diese Kaffeekanne als wichtiges Symbol für seine Erziehung: Die Kanne selbst ist afrikanisch-sudanesisch, aber das Tablett, auf dem sie steht, ist bedeckt mit arabischer Kalligraphie. Er beschrieb die Zeremonie der Kaffebereitung: „Die Kaffeebohnen werden an Ort und Stelle auf Holzkohlen geröstet, dann in einem Mörser mit einem Stößel zerstampft, dann überbrüht und in die Kanne getan. Die Kanne wird unmittelbar auf die Holzkohle gesetzt, damit sie warm bleibt. Der Filter besteht aus Palmfibern, die man in die Tülle schiebt, um die Kaffeklümpchen auszufiltern."

Diese sudanesische Kaffekanne wurde zu einem Wendepunkt in der Arbeitsweise Siddig El'nigoumis. In den frühen achtziger Jahren fand er zu seinem Stil, der heute zu einem Markenzeichen geworden ist: Er entschied sich, Gefäße in der gleichen Technik zu fertigen und begann mit polierten, bei niedriger Temperatur gebrannten Stücken. Die Kaffekanne war sicher in offenem Feuer aus Holz und Dung gebrannt worden, das schwarze Rauchspuren durch Karbonisierung zurückgelassen hatte. Seine neuen, polierten

Wasserkrug von Siddig El'nigoumi (England), Höhe 25 cm; poliert, ritzverziert, mit Zeitungspapier geräuchert.

Vase von Siddig El'nigoumi, Höhe 30 cm; poliert, ritzverziert, mit Zeitungspapier geräuchert.

Siddig El'nigoumi beim Räuchern einer Schale mit Zeitungspapier. (Foto Jane Perryman)

Werke brannte El'nigoumi in einem Elektroofen; daher suchte er nach einem Weg zur Karbonisierung für die gewünschten Schmauchspuren. Dabei stieß er darauf, sie einfach durch „Nachräuchern" mit Zeitungspapier zu schwärzen. Dafür sind ihm die auf billigem Papier gedruckten Käse- oder Revolverblättchen am liebsten. „Da ist der Harzanteil im Papier größer, und das bringt bessere Ergebnisse. Bei Blättern auf Qualitätspapier braucht man erheblich mehr als bei solchen auf Billigpapier; das verdunstende Harz wirkt sich auch günstig auf den Glanz aus."

Siddig El'nigoumi verwendet feinen, blaßroten Fremington-Ton, der sich auch für die Ritztechnik gut eignet. Er kombiniert die verschiedenen Techniken des Formens von Hand miteinander: Plattenaufbau, Abformen und Aufwülsten. Er versieht seine Gefäße mit einem Schlickerüberzug und poliert sie mit Löffeln oder Kieseln drei- bis viermal. Seine kalligraphischen Fähigkeiten erlauben es ihm, feine, präzise Linien einzuritzen, die mit der sanft glänzenden Politur kontrastieren. Nach dem Schrühbrand bei 800 Grad nimmt er das Räuchern ohne jedes Trara im Freien vor. Ohne Handschuhe hält er die brennende Zeitung etwa zwei bis drei Zentimeter über die Oberfläche des jeweiligen Gefäßes, achtet jedoch sehr darauf, jede direkte Berührung zu vermeiden, damit nicht vielleicht Klebstoffanteile im Papier die Oberfläche beschädigen. Nach dem Räuchern wird mit einem Lappen der Ruß weggewischt und das Gefäß poliert. Als vor einiger Zeit Probleme auftraten (es kam wegen der ungleichen Hitze bei dem sehr feinen und dichten Ton durch den Thermalschock zu Sprüngen), hat das El'nigoumi dazu veranlaßt, die Räucherspuren dadurch nachzuahmen, daß er die entsprechenden Formen in dunklerem Schlicker im Rohzustand aufmalte.

Auf einigen seiner Schalen finden sich als Erinnerung an seine Studienzeit in der Malerklasse der Kunstakademie repräsentative Tier-, Fisch- oder Landschaftsdarstellungen. Diese sind gewöhnlich umgeben von abstrakten Mustern, die geprägt sind von Kindheitseindrücken wie den Web- und Flechtmustern von Matten und einfachen Teppichen, die seine Mutter zu verschiedenen Zwecken selbst anfertigte. Auf anderen Schalen findet man, wieder von einem Muster umgeben, in der Mitte ein zentrales Symbol der westlichen Welt wie etwa das Zeichen der Atomgegner, ein Kreuzworträtsel oder das Firmensignet von Rolls-Royce. „Bei uns im Sudan gibt es weder Kreuzworträtsel noch solche Luxusartikel wie einen Rolls-Royce."

Siddig El'nigoumi hat die Technik des Karbonisierens mit Zeitungspapier nach Großbritannien gebracht und hat in hohem Maße Anstöße gegeben zum Anwachsen des Interesses an niedrig gebrannter, polierter und geräucherter Keramik. Die Eindrücke, die ich gewonnen habe, als er 1983 beim „Südwalisischen Töpfertreffen" seine Techniken vorführte, bleiben mir unvergeßlich.

Materialangaben

Schwarzer Schlicker

Ton	95	Anteile
Manganoxid	3,5	"
Kobaltoxid	1,5	"

Roter Schlicker

Ton	90	"
Fällungs-Eisenoxid	10	"

Elspeth Owen

Elspeth Owen lebt und arbeitet in Grantchester, einer Ortschaft unweit von Cambridge. Sie fertigt dünnwandige gequetschte („gepinchte") Gefäße, die sie poliert und dann einer kurzen Räucherung mit Zeitungspapier unterwirft, um den Rand hervorzuheben oder das Oberflächenrelief zu betonen.

Während ihrer Ausbildung zur Psychotherapeutin besuchte sie Abendkurse für Töpferei, anfangs (wie sie sagt) „einfach, um mal einen familienfreien Abend zu haben"; und seit zwanzig Jahren arbeitet sie daran, die für ihre ersten Gefäße angewandte Quetschtechnik, die sie ebenso beibehalten hat wie die entsprechenden Formen, weiter zu verfeinern. Das hat dazu geführt, daß sie heute mit dieser Methode einen über 60 cm hohen Topf aus einem etwa 3 kg schweren Tonklumpen formen kann, und das ist wirklich eine reife Leistung.

Sie formt die Töpfe im Sitzen in ihrem Schoß, unter Verzicht auf eine Scheibe und selbst einen Tisch, und das verleiht ihnen einen ausgeprägt intimen Charakter. „Die begrenzte Technik läßt", sagt Elspeth Owen, „in ihrer Einfachheit viel Raum für einen individuellen Ansatz. Diese Gefäße haben einen starken Bezug zu meinem Innenleben; sie geben gleichermaßen mir Halt und Stütze wie ich ihnen."

Die Töpferin bekennt sich zum Gegensatz von Stärke und Zerbrechlichkeit als Kern ihres Schaffens. Kraft und Stärke liegen im gekurvten Umriß und in der Entschlossenheit, Zufälligkeiten und Widersprüche zu akzeptieren. Zerbrechlichkeit dokumentiert sich in der delikaten Ausgewogenheit der gerundeten Körper, in ihren dünnen und damit auch bruchanfälligen Wandungen. Der Niedrigtemperaturbrand bringt trotz der starren Formen eine Art von Weichheit mit sich, „die es auch dem, der das Gefäß nicht geschaffen hat, erlaubt, sich damit zu identifizieren."

Sie hat dazu geschrieben: „In diesen schwach gebrannten Gefäßen stellt die Durchlässigkeit der Wände die Verbindung von Innen und Außen der Form her, die fließend und leicht ist. Wasser und Luft können hindurchdringen, ja sogar das Auge. Die Wände haben, obwohl sie aus vielen Schichten aufgebaut sind, einzig die Aufgabe, der Form Gestalt zu verleihen."

In ihrer Kindheit wurden die schöpferischen Kräfte Elspeth Owens gelenkt auf Klavier- und Violinspiel; dabei erwies sich die ständige Furcht, Fehler zu machen, als schlimmes Hemmnis. Heute ist ein wesentlicher Bestandteil in der Entwicklung ihres Schaffens das Spielerische und die Lust am Experiment, das Zulassen von Fehlern und Zufälligkeiten und die Fähigkeit, diese zu nutzen. Elspeth Owen nennt als hauptsächliche Einflußquellen auf ihr Werk die Fauenbefreiungsbewegung und die Radikale Psychotherapie, die ihr halfen, sich von ihren „angelernten" Ängsten zu befreien.

Ihre Gefäße formt sie entweder aus David-Leach-Porzellanton oder aus Rakuton von Potclay aus großen Klumpen, die sie quetscht und auszieht. Die Arbeit geht in Etappen vor sich, zwischen denen Trocknungsperioden liegen. Die Töpferin bemerkt dazu: „Das Wichtigste ist die richtige Einstellung auf die Zustände des Tons; man muß wissen, welches das jeweils beste Feuchtigkeits- oder Trockenheitsstadium ist, denn bestimmte Arbeiten sind bei entweder zu feuchtem oder zu trockenem Ton nicht durchführbar. Als schwierigste Klippe zu Beginn erweist sich immer, genau zu wissen, wie lange man warten muß, bis der Ton trocken genug ist." In lederhartem Zustand werden die Wände innen und außen beschabt und geglättet.

Die Gefäße werden mit einem Kieselstein poliert und dann einmal bei 980 Grad gebrannt. Für das Räuchern wird die Oberfläche dadurch präpariert, daß man Teile davon mit Tonschlicker überzieht, der den Rauch abhält. Der Räucherbrand findet im Freien ohne einen Behälter statt. Bogen von Zeitungspapier werden rings um das Gefäß und über dem Rand angeordnet und angezündet.

Ganz im Gegensatz zu der Unbeweglichkeit beim Formen der Gefäße muß sich Elspeth Owen sehr rasch bewegen, wenn sie die Flammen beim Räuchern unter Kontrolle halten will, wozu sie sich eines Stockes bedient; ihre entsprechenden Bemühungen dabei wirken wie eine Art von Ausdruckstanz.

Gequetschtes, poliertes Porzellantöpfchen von Elspeth Owen, 65 mm hoch. Wie in Sgraffito-Technik werden Linien in den Abdeckschlicker geritzt und dann mit Zeitungspapier geräuchert.

Oben: Gequetschtes („gepinchtes") und poliertes Gefäß von Elspeth Owen (England), 25 cm hoch. Nach dem Schrühbrand wird das Gefäß mit Abdeckschlicker überzogen, von dem Teile wieder abgebürstet werden. Die vom Schlicker wieder befreitem Flächen werden dann beim Räuchern mit Zeitungspapier vom Rauch geschwärzt. Die Karbonisierung hebt den Rand hervor und betont die strukturierte Gestaltung der Oberfläche.

Zuletzt wird der Abdeckschlicker wieder entfernt und die Oberfläche mit einem Überzug von Bienenwachs versehen. Elspeth Owen sagt über das Räuchern: „Ich mag den Anblick von etwas, das ein Abenteuer (oder auch zwei) erlebt hat – und das Räuchern hat etwas davon. Ich mag Dinge nicht, denen man es ansieht, daß sie aus einem ‘absolut reinen Umfeld’ kommen. Das Räuchern ist ein bißchen so, wie wenn man das Gefäß ‘in die Welt hinausstellt’."

Elspeth Owen beim Räuchern mit Zeitungspapier.

Tessa Wolfe Murray

Weil ihr die Vorhersagbarkeit des oxidierenden Brennens zu langweilig wurde, entschloß sich Tessa Wolfe Murray, mit Sägemehl-Brand zu experimentieren. Sie hat dabei ihre eigenen Techniken entwickelt, bei denen sie zwar vom traditionellen Einsetzen der Gefäße in Sägemehl ausging, aber einen Weg fand, den Sägemehlbrand begrenzter und gezielter für ihre teilweise glasierten Gefäße anzuwenden. Sie äußert sich wie folgt: „Die Eindrücke von Korallenriffen, dem Meeresboden oder außerirdischen Räumen, den der Räucherbrand hervorzurufen vermag, verleihen den Gefäßen eine kosmische, ätherische Tiefe. Diese Bilder waren völlig außerhalb meiner Vorstellungen, als ich die Gefäße formte. Dennoch hatte ich die Hoffnung, sozusagen 'beim Öffnen des Ofens' eine angenehme Überraschung zu erleben."

Die Töpferin formt in Plattentechnik rote Irdenware-Vasen und abgeflacht gestaltete Gefäße, die sie aus praktischen Gründen innen glasiert. Die Außenflächen überzieht sie mit aufgemaltem und aufgesprühtem Schlicker, der sozusagen „aufgelockert" wird durch die Rauchspuren des Sägemehls. Über ihre ersten Versuche mit dem Räuchern mit Sägemehl berichtet sie:

„Ich baute einen Rahmen aus Backsteinen und zündete das Sägemehl darin an, in dem ich eines meiner bei 1140 Grad glasierten Gefäße vergraben hatte. Es war mir klar, daß ich das Schicksal herausforderte, indem ich einen nahezu ver-

Vasen von Tessa Wolfe Murray (England), 44 und 25 cm hoch.

glasten Tonkörper dem Sägemehlbrand aussetzte, aber man hatte mir beigebracht, daß es auf dem Gebiet der Keramik eine Menge von Regeln gab, die man in Frage stellen oder brechen konnte. Hier hatte das offensichtlich nicht gegolten – am nächsten Morgen war das Gefäß in Stücke zersprungen. Bei einigen weiteren Versuchen verwendete ich Gefäße, die nur mit 1060 Grad gebrannt worden waren – und sie überstanden die Prozedur. Aber die Spannung der glasierten Oberflächen führte dazu, daß die Platten splitterten, und zwar an ihrem schwächsten Punkt, der jeweiligen Verbindung untereinander. Auf diese Innenglasierung konnte ich jedoch nicht verzichten, weil die Gefäße als Vasen wasserdicht sein mußten.

Ich entschloß mich daher, die Gefäße nicht im Sägemehl zu vergraben, sondern ihre Oberfläche wie die Leinwand eines Malers zu betrachten, das Sägemehl obendrauf zu streuen und anzuzünden und zu hoffen, daß es dort die gleichen zarten Muster und Tönungen hinterlassen würde wie der traditionelle Sägemehlbrand. Zunächst hatte ich keinen Erfolg, denn das aufgestreute Sägemehl fing nicht Feuer; erst als ich es mit Testbenzin tränkte, klappte es mit dem Anzünden, und ich war mit den Ergebnissen zufrieden.

Ich begann mit Oberflächen aus aufgepinseltem weißem Schlicker, die ich mit rotem Ton besprüht hatte, woraus sich nach dem Brand ein kräftiges Orange ergab. Ich blieb immer noch bei meiner Vorstellung von Schichten, und dieser samtartige aufgesprühte Überzug, in Teilen über den sichtbaren Pinselstrichen des Schlickers, gefiel mir gut.

Für die bei 1060 Grad schrüh- und glattgebrannten Stücke habe ich folgende Methode entwickelt: Wenn das Sägemehl aufgestreut und entzündet wurde, brennt es (soweit mit Testbezin getränkt) kräftig, und wenn der Wind weht, züngeln die Flammen und schwärzen die unbedeckten Flächen. Ich bürste dann die Sägemehlasche weg, unter der die Oberfläche unverändert geblieben ist. Dann entferne ich gegebenenfalls das trockene Sägemehl von weiteren Flächen und kann auf diese Weise steuern, wo die Flammen und der Rauch die Oberfläche tönen. Den Wirkungen von Licht und Schatten und unterschiedlichen Schichten gilt meine besonderes Augenmerk. Ich steuere die Intensität der Tönungen durch verschiedene Arten von Sägemehl, die voneinander abweichende Ergebnisse erbringen. Hartholz-Sägemehl räuchert und tönt die Oberflächen, auf die es aufgebracht wurde, wohingegen Sägemehl von Nadelhölzern eine fächerförmige Ausbreitung der Flammen rundherum bewirkt, während die unmittelbar davon bedeckte Fläche unbeeinträchtigt bleibt. Sehr wichtig ist die Struktur (das Gefüge) des Sägemehls; es muß von einer Kreis- oder grobzähnigen Bandsäge erzeugt worden sein, nicht von einer Schleifmaschine. Zu feines Sägemehl nämlich klumpt zusammen, wenn man es mit Testbenzin tränkt, und das führt dann zu unschönen bolligen Flecken. Das Räuchern eines großen Gefäßes erfordert etwa 30 Minuten konzentrierter Aufmerksamkeit; bei kleineren Stücken kann ich gewöhnlich zwei gemeinsam räuchern. Bin ich nicht zufrieden, so reoxidiere ich die Stücke.“

Tessa Wolfe Murray mit Materialien und Ausrüstung zum Räuchern.

Das in Testbenzin (Lackbenzin, Terpentinersatz) getränkte Sägemehl wird auf das Gefäß gestreut.

Entzünden des Sägemehls.

Die Flammen züngeln fächerförmig über die unbedeckten Flächen.

Das Sägemehl wird weggebürstet. Das schwarze, verbrannte Sägemehl deckt ebenso die Flächen gegen den Rauch ab wie das trockene, nicht getränkte. Gegebenenfalls muß man also für einen zweiten Brand sowohl trockenes wie verbranntes Sägemehl entfernen.

Vorbereitung für einen zweiten Räuchervorgang, bei dem in Testbenzin getränktes Hartholz-Sägemehl aufgestreut wird. Dieses erzeugt kleine bräunliche Flecken wegen des Harzanteils und der stärkeren Hitzeentfaltung. Bestimmte Flächen wurden mit trockenem Weichholz-Sägemehl abgedeckt.

Das fertige Gefäß zeigt helle, vom Rauch unberührte Flächen im Kontrast zu dunklen, durch die Karbonisierung gemusterten. (Alle Fotos von Martin Smith)

Materialangaben

Ton: Mit Schamotte versetzter roter Irdenware-Ton von Potterycraft

Glasur: Standard-Transparentglasur P2018 von Potterycraft

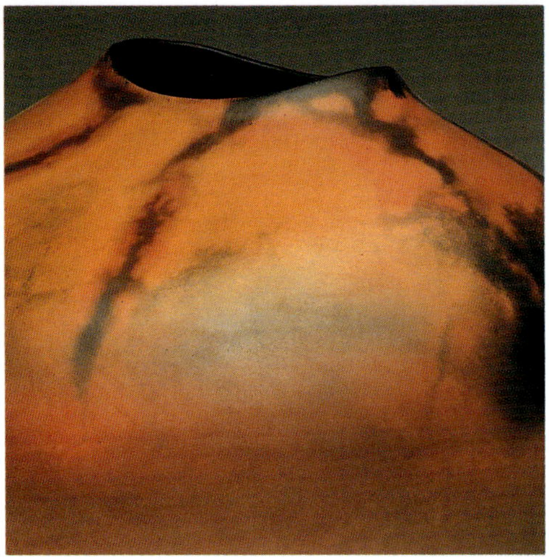

Rauchbrand in Behältern

Die in diesem Kapitel vorgestellten Töpferinnen und Töpfer benutzen für ihre Räucherarbeit Behälter unterschiedlicher Art, in die sie Gefäße und Brennmaterialien zusammen einlegen. David Macdonald und Jane Perryman bauen sich dafür aus Backsteinen eine Art von Ofen, dessen Umfang sie an der Menge und Größe der Gefäße ausrichten, die sie brennen wollen. Antonia Salmon setzt dafür eine dauerhaft gemauerte, flexibel nutzbare kleine Backsteinkonstruktion mit einer kleineren und einer größeren Brennkammer ein. Gabriele Koch verwendet verzinkte Mülltonnen, Ölfässer und auch Backsteinkästen zur jeweils gemeinsamen Aufnahme von Gefäßen und Sägemehl.

Es ist nicht ganz einfach, mit solchen Behältern eine beständig reduzierende Atmosphäre zu erreichen. Das ist der Grund dafür, daß die hier vorgestellten Stücke abwechselnd durch Reduktion und durch Oxidation gestaltete Flächen aufweisen. Es werden jedoch auch die verschiedenen Methoden gezeigt, die von den Künstlern zur Steuerung von Intensität und Verbreitung der Karbonisierung entwickelt wurden.

David Macdonald

Dieser Afro-Amerikaner lebt in Syracuse im Staat New York und ist an der dortigen Universität als Kunstprofessor tätig. Er fertigt in verschiedenen Kombinationen von Form- und Dekorationstechniken große, rituelle, skulpturale Formen, die er Gefäße nennt, und bezieht dabei gelegentlich auch nicht-keramische Materialien ein wie Raffiabast und Acrylfarben. Afrikanischer Einfluß ist sowohl in den Formen wie in der Oberflächenbehandlung seiner Schöpfungen spürbar.

David Macdonald wuchs auf in Hackensack, New Jersey, als drittältestes von neun Kindern. Das zusammengedrängte Leben in einer bescheidenen Wohnung ließ wenig Raum für die persönliche Entfaltung.

> „Ich glaube, einer der Gründe, mich der Kunst zuzuwenden, bestand einfach darin, daß das etwas war, was ich allein tun konnte. Es gelang mir damit, eine kleine Welt ganz für mich allein schaffen, in die ich mich zurückziehen konnte, wann immer mich danach verlangte. Es war etwas, was sich von Anfang bis Ende von mir selbst bestimmen ließ, ohne die Teilnahme anderer. Da es in meiner Familie keinerlei Tradition künstlerischer Betätigung oder auch nur des Interesses an Kunst gab, wurde es außerdem zu einer Möglichkeit, meine Individualität auszudrücken. Das ist ein latentes Streben für jemanden, der sich nur als Teil eines Haufens betrachtet fühlt. Später schätzte ich meine Kunst ein als Möglichkeit, ‚es zu zeigen' und ‚mitzumischen', und um Zorn und Frustration auszudrücken, die Teil des täglichen Lebens sind, wenn man arm und schwarz in dieser Zivilisation aufwächst."

Mitte der sechziger Jahre besuchte er das Hampton Institute und machte dann seinen Magister für Kunst an der Universität von Michigan. Obwohl er zunächst Malerei studieren wollte, fand er sofort unmittelbaren Bezug zur Töpferei, als der Lehrplan im ersten Studienjahr die Teilnahme an einem Töpferkurs vorschrieb. Er hatte sich niemals vorher mit Ton beschäftigt, beschloß jedoch sogleich, sein Hauptinteresse der Keramik zuzuwenden. „Was mich daran faszinierte, war die Möglichkeit, etwas zu schaffen, was die Leute tatsächlich benutzen konnten. Bis dahin hatte ich mir Kunst immer als etwas vorgestellt, was sich nur reiche Leute leisten konnten; und wenn es erst einmal erworben war,

Ndebele-Form von David Macdonald; Sägemehlbrand, 162 cm hoch.
Irdenware mit Acrylbemalung und Raffiabesatz, aufgewülstet, Kopf gedreht. Die Nackenringe wurden in Schlickerguß gefertigt und mit Acrylfarben bemalt, Kopf und Körper mit Terra-sigillata-Schlicker überzogen.

stand es nur herum. Keramik war für mich dagegen viel dynamischer, sie ließ sich in die Hand nehmen und benutzen, sie konnte splittern und zerbrechen, und sie war ersetzbar. Vor allem aber: man konnte sie benutzen."

Vor allem zwei Lehrer hatten großen Einfluß auf ihn während seiner Ausbildung: Professor Joseph Gilliard am Hampton Institute und Professor Robert Stull an der Universität. Macdonald sagt dazu: „Beide waren Afro-Amerikaner, und das war eher ungewöhnlich, denn es gab damals in den USA kaum eine Handvoll Schwarzer, die sich mit Keramik beschäftigten; ich bin froh, daß ich bei beiden studieren konnte."

Anfangs fertigte er Steinzeug auf der Töpferscheibe, und zwar vorwiegend Gebrauchsgegenstände wie Kasserollen, Teekannen und Tassen. Dann entstand eine Serie von Platten, die dekoriert waren mit Motiven, in denen sich politische und soziale Themen widerspiegelten, mit denen sich die Bürgerrechtsbewegung der sechziger Jahre beschäftigte und die noch weit in die siebziger Jahre hinein wirkten. Typische Beispiele seines Schaffens trugen Titel wie „Unter einem schlechten Stern geboren", „Weiße auf dem Mond" und „Laßt die Ratte verhungern".

Ein Wendepunkt war 1975 die Eröffnung einer Alleinausstellung, woran sich David Macdonald wie folgt erinnert:

> „Eine kleine, alte weiße Dame, die geduldig darauf gewartet hatte, sich mit mir unterhalten zu können, sah endlich die Gelegenheit gekommen und trat auf mich zu. Sie sagte mir, daß sie außerordentlich beeindruckt sei von der Kraft und Energie in meinen Werken und von der gelungenen und perfekten Gestaltung. Und dann stellte sie in aller Unschuld eine Frage, die mich wie ein Blitzschlag traf. 'War es dafür irgendwie von Vorteil, daß sie Schwarzer sind, oder war das nur eine weitere Frustration nach anderen?' Das war eine Frage, die mir selbst zu stellen ich mir nie die Zeit genommen hatte. Die Folge dieser Frage war, daß ich nachzudenken begann über die Vorteile, Schwarzer zu sein, zu denen nicht zuletzt die lange und reiche künstlerische Tradition gehörte, die mein Volk der Welt geschenkt hatte. Ich begann meine Energie auszurichten auf mein afrikanisches Erbe als Quelle der Inspiration. Afrikanische Kunst und Kultur wurden zunehmend zur Achse, um die meine schöpferischen Kräfte sich drehten."

David Macdonalds Hauptinteresse galt weiterhin der Töpferei und Skulpturenkunst, aber bald interessierte er sich auch für Architektur, Textilkunst, Schmuck, Frisurenstile und schließlich Körperdekoration wie Bemalung, Tätowierung und Narbenschmuck. Seine Kenntnisse darüber suchte er sowohl durch entsprechende Lektüre zu erweitern als auch durch Besuche von Museen wie dem Nationalmuseum für Afrikanische Kunst, dem Hampton University Museum und der Smithsonian Institution.

Sein Hauptausdrucksmittel ist das Gefäß, in dem sich soziale und geistige Bezüge besser darstellen lassen als in anderen Formen.

„Einige der Formen, mit denen ich arbeite, sind traditionelle Gebrauchsformen, die ausdrücklich zur praktischen Nutzung bestimmt sind. Andere wieder sind in ihrer Beziehung zur Gefäßform eher experimentell. In bezug auf letztere ist es wichtig, daß der Betrachter erkennt, daß es sich um Gefäße handelt, selbst wenn sie in ihrer Form sehr skulpturenhaft sind. Die Tatsache, daß es Gefäße sind, ist keineswegs nur eine interessante und neuartige Zufälligkeit, sondern ein ganz wichtiger integraler Aspekt in der Auffassung von Formen.

Ich beschäftige mich gerade mit zwei neuen Werkgruppen. Bei der einen davon handelt es sich um eine Serie von Zeremonialschalen, die jeweils etwa einen Meter hoch sind und aus einer flach gewölbten Schalenform mit Fuß bestehen, die von vier röhrenförmigen Beinen getragen werden, die wieder in eine Standplatte münden, welche aus zwei ringförmigen Wülsten in der Form von Schmalzgebäck zusammengesetzt ist. Die Oberfläche ist mit Schlickerapplikationen dekoriert oder mit eingeritzten linearen Mustern und insgesamt mit Terra-sigillata-Schlicker überzogen und poliert. Schließlich werden die Stücke einem Räucherbrand unterzogen, der sie wie poliertes Holz wirken läßt.

Die zweite Gruppe nenne ich 'Ndebele-Serie'. Diese großen, aufgewülsteten Gefäße sind beeinflußt von der Kultur der Ndebele in Südafrika. Die Frauen dieser Bevölkerungsgruppe sind berühmt für die schönen geometrischen Muster in leuchtenden Farben, mit denen sie Innen- und Außenwände ihrer Häuser bemalen. Diese Frauen tragen (zu dem Zweck, daß sie dadurch einen langen, schlanken Hals bekommen) Halsringe aus ausgestopftem Leder oder Metall. Die Stücke dieser meiner Serie sind im wesentlichen große zylindrische Formen mit gerundeten Körpern. Die Gefäße haben lange Hälse, um die hohle, leuchtend bemalte Tonringe gelegt sind. Obenauf sitzt eine kopfartige, sphärische Form mit in Plattentechnik gestalteten Ansätzen, die an afrikanische Frisuren erinnern. Die Oberflächen sind mit Schlickerapplikationen dekoriert, mit Terra sigillata überzogen und rauchgebrannt; auch Raffia wird zur Dekoration herangezogen."

David Macdonald verwendet Rakuton und kombiniert Arbeit auf der Töpferscheibe mit den Techniken des Abformens, des Aufwülstens und des Plattenaufbaus. An afrikanische Körperdekorationen, bei denen sich aus der Vernarbung von Einschnitten erhöhte Muster ergeben, erinnern seine Oberflächendekorationen mit Schlickerapplikation. Die fertig geformten Stücke werden mit Terra-sigillata-Schlicker überzogen, poliert und einem Schrühbrand bei 925 bis 955 Grad unterzogen.

Der Räucherbrand findet dann in einem aus Ziegelsteinen aufgebauten Ofen mit einer Mischung aus feuchtem und trockenem Sägemehl statt. Macdonald verwendet diese Mischung, um einerseits den Brand zu verlangsamen und andererseits die Karbonisierung zu intensivieren, um eine möglichst dunkle und kräftige Färbung zu erreichen. Ein solcher Brand kann bis zu 72 Stunden dauern.

Der Boden wurde aus nebeneinandergelegten Ziegelsteinen geformt, und jetzt werden die Seitenwände aufgebaut.

Auf den Boden des Ofens wird Sägemehl gestreut.

Im Verhältnis 2:1 wird feuchtes und trockenes Sägemehl gemischt, um den Brand zu verlangsamen und die Karbonisierung zu verstärken.

Das schrühgebrannte Stück wird im Ofen auf die Schicht aus Sägemehl gestellt.

Die Wände des Ofens werden bis zu einer Höhe von etwa zehn bis zwölf Zentimetern über die Oberkante des Stückes hinaus aufgebaut.

Aus zerknülltem Zeitungspapier und Anschürholz wird eine Art von Zelt über dem Sägemehl errichtet. Das Zeitungspapier wird angezündet und setzt seinereits das Anschürholz in Brand.

Der Innenraum des Ofens wird mit der Mischung aus feuchtem und trockenem Sägemehl aufgefüllt; obendrauf kommt eine etwa fünf Zentimeter dicke Schicht aus trockenem Sägemehl.

Wenn das Anschürholz zu Holzkohle verbrannt ist, wird es gleichmäßig über die obere Schicht des Sägemehls verteilt. Dann wird der Ofen abgedeckt mit Blech- oder Ofenplatten; er bleibt bedeckt, bis das Sägemehl vollständig verbrannt und der Räucherbrand damit beendet ist.

(Sämtliche Fotos von Joseph D. Macdonald)

Zeremonialschale von David Macdonald, etwa 80 cm hoch. Irdenware mit Schlickerapplikationen, mit Terra-sigillata-Schlicker überzogen und rauchgebrannt.

David Macdonald sagt von seiner Arbeit:

„Ich habe Freude an dieser Art des Räucherbrandes und den sich daraus ergebenden Oberflächen in Verbindung mit verschiedenen ursprünglichen Terra-sigillata-Schlickern. Während der Wintermonate beschäftige ich mich vorwiegend mit der Herstellung von Porzellan und Steinzeug und freue mich dann schon auf den Räucherbrand, den ich meist in den Frühlings- und Sommermonaten anwende. Ich mag auch die unvorhersehbaren und Zufälligkeiten unterworfenen Eigenschaften der sich dabei ergebenden Oberflächen. Wenn ich mit den Resultaten nicht zufrieden bin, setze ich einen neuen Brand an – und gegebenfalls auch noch einen und wieder einen. Manche Stücke habe ich bis zu neunmal gebrannt, bis ich mit dem Karbonisierungseffekt zufrieden war.
Der schwierigste Teil meiner Arbeit liegt bisweilen darin, zwei unterschiedliche künstlerische Traditionen in ein ausgewogenes Verhältnis zu bringen. Der in einer westlichen Kultur geborene und erzogene Afro-Amerikaner ist im wesentlichen ein Mensch des Westens. Aber unter der Oberfläche liegt bei ihm eine stete kulturelle Erinnerung, die weder zeitlicher noch geografischer Abstand völlig auslöschen können. Ich bemühe mich in meinem Werk um eine Synthese von beidem. Meine hervorhebende Erinnerung an das Afrikanertum ist zugleich eine Erinnerung an alle menschlichen Kulturen und Traditionen. Sie ist eine Bestätigung der Schönheit und Kraft des menschlichen Geistes, und wenn wir diese Traditionen, dieses kulturelle Erbe fortsetzen, geben wir diesen Geist an unsere Nachkommen weiter. Es gibt viele Möglichkeiten und Medien, um dieses Erbe weiterzureichen. Wir haben uns dafür entschieden, daß visuelle Objekte das entsprechende Medium, das ‚Gefäß' dafür sind. Ob wir nun Töpfe, Fliesen, Skulpturen oder Ziegel machen – wir machen damit Gefäße, die *Nyama* enthalten: dies ist ein Begriff der Suaheli-Sprache für *Kraft des Lebens*."

Materialangaben

Terra-sigillata-Rezept

Red Clay (terra rossa, Rote Tonerde)	1500 g
Wasser	3,3 l
Dispergiermittel (z.B.Calgon)	0,5 %

Alles in eine Kugelmühle geben und acht bis zwölf Stunden lang mahlen, dann acht Stunden lang absitzen lassen. Das obere Viertel bis Drittel wird abgegossen und wird zur Terra sigillata.

Jane Perryman

Mein Vater war Schreiner, und ich bin aufgewachsen mit den Geräuschen des Hämmerns und Sägens, die aus seinem draußen gelegenen „Schuppen" drangen. Die Anfertigung von Regalen, Schränken, kleinen Möbelstücken und später die Errichtung eines Anbaus am Haus waren Teil des Alltags, und so wurden mir die entsprechenden Materialien, Werkzeuge und Herstellungsverfahren von Kindesbeinen an vertraut. Für meine Mutter, die davon überzeugt ist, Zigeuner unter ihren Vorfahren gehabt zu haben, hat während meiner Kindheit immer das „Lagerfeuer" eine große Rolle gespielt. Sonntagsausflüge und Campingferien waren immer geprägt vom Holzsammeln und vom Kochen am offenen Feuer.

Es kann gut sein, daß diese Kindheitseindrücke meine spätere Leidenschaft für die Herstellung von Hand gefertigter Tonwaren und deren Brennen in Sägemehl gefördert haben, auch wenn es viele Jahre dauerte, bis ich meinen Stil und meine Richtung gefunden hatte.

In den späten sechziger Jahren besuchte ich in London das Hornsey College of Art, wo ich eigentlich eine Ausbildung im Textilbereich anstrebte, dann aber im Fach Industriekeramik landete, das sich auf Schlickerguß und Modelherstellung konzentrierte. Die Feststellung, daß dies das falsche Fach für mich war, ist noch eine starke Untertreibung; beim Abschluß meiner diesbezüglichen Ausbildung hatte ich das Gefühl, man habe jegliche Kreativität aus mir förmlich herausgeprügelt. Das bewegendste Erlebnis während dieser Zeit war noch das Sit-in von 1968, bei dem ich mich stark engagierte; aber die linksorientierten Strömungen mit ihrer Engagements-Ideologie verlangten nach der Entscheidung für den Lehrerberuf statt der „Erzeugung von Kunstgegenständen für elitäre Nutzung".

Daher war ich hauptberuflich mehrere Jahre lang als Lehrerin an höheren Schulen tätig, ehe ich wieder das Bedürfnis empfand, Gefäße herzustellen. Ich schloß mich einer Töpfergemeinschaft an, und es war fast wie ein Neuanfang für mich. Ich entschloß mich, mir selbst das Arbeiten mit der Töpferscheibe und den Aufbau von Hand beizubringen, und abonnierte die *Ceramic Revue*.

1979 ermöglichte mir ein Stipendium des British Council einen einjährigen Aufenthalt am Keramisch Werkcentrum in Holland, einem internationalen Töpferzentrum mit dem Ziel der freien Entfaltung der Fähigkeiten unter Befreiung von den Zwängen beruflicher oder häuslicher Tätigkeit oder finanzieller Beschränkung. Ich nutzte die Zeit dort mit Experimenten zur Bewältigung skulpturaler Themen mit schlickergegossenem Porzellan und zu Versuchen mit Reduktionsglasuren. Daran schlossen sich zwei Jahre in Amerika an, wo ich die Ideen weiterentwickelte, mit denen ich am Keramisch Werkcentrum Bekanntschaft gemacht hatte.

Nach meiner Rückkehr nach Cambridge war mir die Einrichtung einer eigenen Werkstatt möglich, und ich schaffte mir einen Keramikfaserofen an. Ich war immer eine „Spätentwicklerin", und zu dieser Zeit, zwölf Jahre, nachdem ich von der Kunstschule abgegangen war, suchte ich noch immer nach meinem eigenen Weg. Mein Herz hatte noch nie am Glasieren oder glasierten Oberflächen gehangen, und als mir eine Freundin, Elspeth Owen, ein poliertes und in Sägemehl gebranntes Gefäß zeigte, fühlte ich mich sofort davon angesprochen. Hier zeigte sich ein Weg zur Erzeugung einer taktilen Oberfläche voller Tiefe und Reichtum ohne Glasierung. Mir gefiel die Sanftheit, die durch das Brennen bei niedriger Temperatur erzielt wurde, und ich wußte, daß ich endlich meinen Weg gefunden hatte. Dieser Eindruck wurde verstärkt, als ich Siddig El'nigoumi 1983 beim „Südwalisischen Töpfertreffen" sein Schwärzen mit Zeitungspapier vorführen sah.

In dieser Zeit begann ich auch ernsthaft Iyengar-Yoga zu betreiben, und dieses steht weiterhin in enger Beziehung zu meinem Schaffen und beeinflußt es tief. Es besteht ein ständiges Widerspiel zwischen dem Streben nach Harmonie und Ausgeglichenheit beim Yoga und dem Bemühen um Harmonie und Ausgewogenheit bei der Gestaltung von Gefäßen. Yoga bedeutet Einheit von Körper und Seele, und ein Gefäß entsteht aus dem Zusammenspiel von Tonkörper und Gestalter. Das ständige Überprüfen, Korrigieren und Verbessern ist in beiden Bereichen eine Lebensaufgabe.

So begannen für mich viele Jahre der Abstimmung von Tonen und Brennmethoden aufeinander durch Herumprobieren mit daraus folgender Enttäuschung oder eben auch Befriedigung. Schrittweise löste ich mich vom Schlickerguß und wandte mich den Handformmethoden zu. Ich schaute mich in den archäologischen und anthropologischen Abteilungen von Museen um nach mit niedriger Temperatur gebrannten Gefäßen. Meine Formen wurden beeinflußt von britischen und französischen frühkeltischen Gefäßen aus dem Britischen Museum, die ich immer wieder studierte und zeichnete. Während mehrerer Jahre fand sich an meinen Schalen und Vasen eine kräftig herausgearbeitete Schulter als unmittelbarer Bezug zu diesen keltischen Gefäßen.

Seit ich mit dem Räucherbrand begonnen habe, ist mein Schaffen gefäßorientiert – meist mache ich Schalen, Vasen und Krüge. Viele Jahre lang kombinierte ich die verschiedenen Methoden des Formens von Hand wie Aufwülsten, Abformen und Plattenaufbau, wobei ich die Stücke in Teilabschnitten formte und oft am Schluß durch einen Fuß ergänzte.

Eine Reise nach Indien Anfang 1990 wirkte sich wie ein Katalysator für eine Wandlung aus. Während ich mich dort am Iyengar-Yoga-Institut in Pune in Yoga unterrichten ließ, stieß ich hier auf eine Kolonie von Töpfern, die beidseits einer belebten Hauptstraße in der Stadtmitte lebte und arbeitete. Besonders beeindruckt war ich von einer Gruppe von Töpferinnen, die *tandoori*-Öfen aufwülstete; mich faszinierte der schöne, regelmäßige Arbeitsrhythmus in Verbindung mit absoluter Ökonomie der Bewegungen. Ich brauchte achtzehn Monate, um diese Eindrücke für mich selbst umzusetzen und in mein Schaffen zu integrieren, indem ich mich schließlich entschloß, nur noch mit der Aufwülsttechnik zu arbeiten und jedes Stück auf einmal statt in Teilen zu fertigen. Damit wurden auch die Formen einfacher, und an die Stelle einer ausgeprägten Schulter trat eine organischere Wölbung.

Meine Vorliebe für Muster kommt in der Dekoration meiner Gefäße zum Ausdruck. Sie ist beeinflußt von afrikanischen Textilien und Schnitzereien, insbesondere den Raffiageweben bzw. -geflechten aus dem Kongo. Beim Eindringen in die Oberfläche bewirkt der Rauch Muster und Zeichnungen voller Tiefe und Pracht, die Teil der Form werden. Ich halte neue Umrisse und Muster auch in einem Skizzenbuch fest, aber da das Verfahren des Aufbaus von Hand langsam ist, entwickeln sich neue Formen ebenfalls eher langsam und oft unbewußt. Meine Werkstatt ist klein, und ich bin oft ganz überrascht, wenn ich meine Werke in einem anderen Umfeld wie zum Beispiel einer Ausstellung sehe. Dieser räumliche und zeitliche Abstand beim erneuten Betrachten dessen, was ich geschaffen habe, erweist sich als nützlich, um zu klären, was ich daran ändern könnte.

Meine Gefäße mache ich aus einer Mischung von Porzellan- und sogenanntem „T-Ton", und ich beginne dabei mit einer flachen Grundfläche. Oft verwende ich eine Kartonschablone zur groben Umrißvorgabe. Die Wülste forme ich tatsächlich von Hand und klopfe sie dann auf eine Dicke von etwa 6 mm flach. Damit sie sich gut verbinden, verwende ich Einkerbungen und Tonschlempe; zwischen die größeren Stränge drücke ich zu diesem Zweck dünnere ein. Das dauert seine Zeit, aber dafür kommt es fast nie zu Sprüngen entlang der Wulstlinien. Im lederharten Zustand wird die Form durch Schaben und Klopfen nachgearbeitet und schließlich mit dem Schwamm behandelt. Einen Ball-clay-Schlicker färbe ich mit Oxiden oder handelsüblichen Färbstoffen und trage ihn mit dem Pinsel auf. Wenn eine ausreichende Trocknung erreicht ist, poliere ich einmal mit einem Löffel und einem Kieselstein und zweimal mit einem Plastikwischer.

Den Schrühbrand nehme ich bei etwa 980 Grad vor. Auf die Oberfläche wird mit Kreppstreifen ein Muster aufgetragen und dann mit einer dünnen Schlickerschicht abgedeckt, die den Rauch abhält. Die Kreppstreifen verbrennen entweder oder lösen sich ab, und die davon ursprünglich bedeckten Flächen nehmen den Rauch an. Ein einfacher Kasten aus aufeinandergesetzten Ziegelsteinen, dessen Größe leicht der jeweiligen Zahl und den Maßen der Gefäße angepaßt werden kann, wird für das Räuchern mit Sägemehl benutzt. Als Brennmaterial verwende ich meist ziemlich grobe Sägespäne, weil sie ziemlich rasch verbrennen und weniger Rauch erzeugen, was wichtig ist, da ich mitten in Cambridge wohne. Im Laufe der Jahre habe ich gelernt, mit immer weniger Brennmaterial ausreichende Karbonisierung zu erreichen.

Sich nach oben verbreiternde Schale von Jane Perryman, Durchmesser 30 cm. (Foto Fran Evelegh)

Schüssel von Jane Perryman, Durchmesser 37 cm. (Foto Fran Evelegh)

Vase von Jane Perryman, Höhe 27 cm.
(Foto James Austin)

Die Form wird aufgebaut aus flachgedrückten Tonwülsten, zu deren Verbindung Schlicker aufgetragen wird.

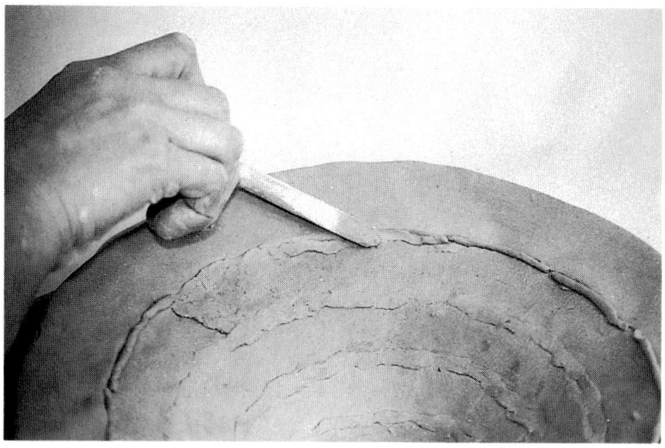

Dünnere Tonstreifen werden zwischen die breiteren gedrückt, um eine sichere Verbindung zu gewährleisten.

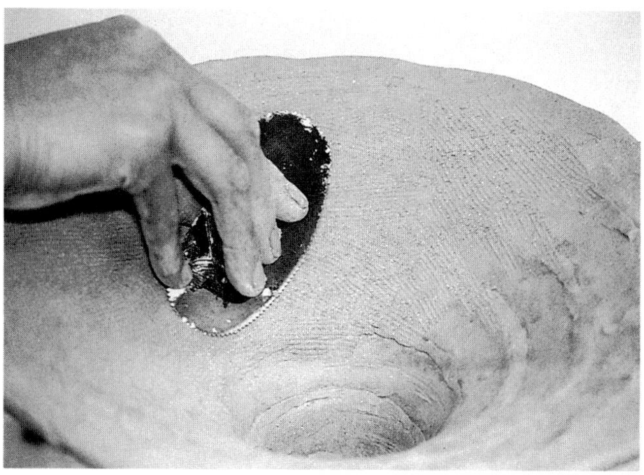

In lederhartem Zustand erfolgt eine Nachbearbeitung mit gezähnten und glatten Gumminieren.

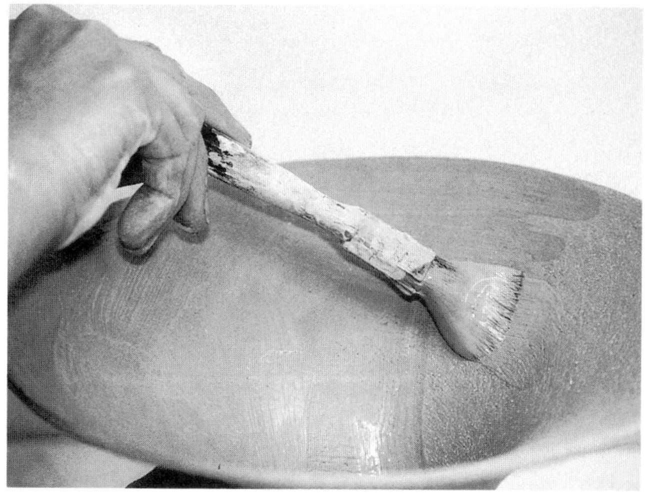

Nach der Behandlung mit dem Schwamm werden mehrere Schichten Schlicker aufgepinselt; anschließend erfolgt das Polieren.

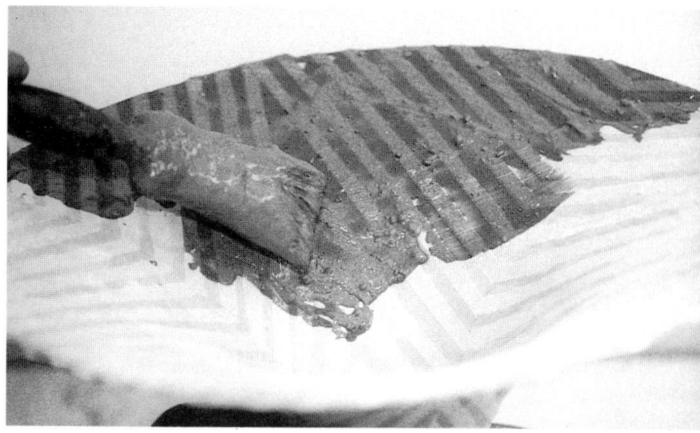

Nach dem Schrühbrand wird mit Kreppstreifen ein Muster aufgebracht und mit Abdeckschlicker überzogen.

Einige Gefäße werden mit Sand gefüllt, um den Rauch abzuhalten; im Ofen aus Ziegelsteinen liegen die Gefäße auf einer Bettung aus Sägespänen.

Die Gefäße werden mit Sägespänen bedeckt.

Beim Abschaben der Deckschicht tritt darunter das Muster aus oxidierten und karbonisierten Streifen zutage.
(Alle Fotos von Fran Evelegh)

Räucherbrand im Ofen.

Nach dem Brand.

Die Gefäße werden auf eine fünf bis zehn Zentimeter dicke Schicht aus Sägespänen gelegt und dann mit fest zusammengestopften Sägespänen bedeckt. Dann werden die Späne entzündet und mit einem Blech abgedeckt. Seit ich von Sägemehl auf Sägespäne umgestiegen bin, reichen zwei bis vier Stunden für den Räucherbrand. Manchmal räuchere ich auch in einer Blechtonne mit Zeitungspapier, und dann dauert das nur zehn bis fünfzehn Minuten. Bei manchen Gefäßen ist ein mehrmaliges Brennen erforderlich, bis das gewünschte Resultat erreicht ist; bei anderen wird es überhaupt nie erreicht, und man muß sie reoxidieren und von neuem mit der Arbeit beginnen.

Nach dem Brand wird die Abdeckschicht entfernt; manchmal geht sie leicht ab, manchmal muß man ein Skalpell zu Hilfe nehmen, weil sie stellenweise zu fest sitzt. Ganz zum Schluß erhält das Gefäß einen Überzug aus Bienenwachs.

Wie viele Töpferinnen und Töpfer bestätigen, liegt der besondere Reiz des Räucherns in der Unvorhersehbarkeit und im Überraschungseffekt der Ergebnisse des Rauchbrandes. Nach vielen Stunden langsamen, konzentrierten Formens ist es ein wunderbar befreiendes Gefühl, ein Gefäß „dem Feuer zu überantworten", unmittelbar am Brennen beteiligt zu sein, die züngelnden Flammen zu sehen und den Rauch zu riechen und zu betrachten. Und es ist ungeheuer erregend, dann den Deckel abzunehmen und gespannt nachzuschauen, welche Wirkungen das Feuer erbracht hat.

Materialangaben

Tonkörper:

T-Material	2 Anteile
Undurchsichtiger Porzellanton	1 Anteil

Farbiger Schlicker:

Hymod-SMD-Ball clay	5 Anteile
Tonkörper	1 Anteil

Zum Färben werden Oxide oder handelsübliche Färbstoffe verwendet.

Antonia Salmon

Antonia Salmon hat einmal gesagt: „Die meisten Leute können keine acht Stunden am Tag aus sich selbst heraus verbringen, ohne jede Steuerung als die eigene. Man braucht aber diese Innensteuerung und ein Gefühl dafür, wo man steht. Es ist ganz wichtig, daß es Leute gibt, die sich dem Schöpferischen verschrieben haben – so wie andere sich für die Politik entschieden haben oder für ein kontemplatives Dasein." Antonia Salmon hat für sich persönlich diesen Weg des Engagements gewählt und hat die notwendige Disziplin und Konzentration entwickelt, um ihren Beitrag im Rahmen der Rauchbrand-Töpferei zu leisten. Ihre fein dekorierten und polierten skulpturalen Formen und Gefäße haben eine zeitlose Qualität mit umfangreichem Bezug zu Landschaften und frühen Schöpfungen.

Antonia Salmon entstammt einem künstlerischen Umfeld: ihr Vater ist Architekt, ihre Mutter Bildhauerin, und sie wurde schon frühzeitig zur Teilnahme an künstlerischen Aktivitäten angehalten. Während ihres Geografiestudiums an der Universität Sheffield besuchte sie Abendkurse in Töpferei und verbrachte die Ferien damit, bei einem Töpfer zu arbeiten, um sich dort die allgemeinen Kenntnisse des Werkstattbetriebs anzueignen. Nach dem Abschluß ihres Studiums empfand sie „ein starkes Bedürfnis, etwas zum Ausdruck zu bringen, das vom akademischen Betrieb nicht erfüllt werden konnte", und so besuchte sie in Harrow in den Jahren 1981–1983 Töpferkurse, um sich das Arbeiten auf der Töpferscheibe anzueignen in der Absicht, sich der Gebrauchstöpferei zu widmen.

Bald aber stellte sie fest, daß ihr Hauptinteresse weit mehr den Formen als dem Gebrauchswert von Keramik galt. Unter dem Einfluß der Gastdozentin Elizabeth Fritsch, die ihr klarmachte, daß man „mit einfachen Techniken großartige Werke schaffen kann", und von Siddig El'nigoumi, der sie in die Herstellung von niedrig gebrannten, ritzverzierten und polierten Stücken einwies, entdeckte sie ihr Gefallen an der Arbeit mit bei niedrigen Temperaturen gebranntem Ton und begann mit einer Serie von polierten Irdenware-Scheiben, die durchbrochen und mit Ausschnitzungen verziert waren. Dies war der Beginn ihres Schaffens, das wir heute vor uns haben.

Viel Zeit verbrachte Antonia Salmon im Britischen Museum vor den dortigen ägyptischen Skulpturen und im Victoria-and-Albert-Museum vor den islamischen Trennwänden. Sie berichtet darüber:

„Ich war fasziniert von der Geometrie in Formen und Mustern und fühlte mich sehr angezogen von den Traditionen islamischer Architektur und Kunst, die geometrische Strukturen als Bauteile für ausgedehnte Moscheen und Paläste verwendet. Die islamische Kunst der Ornamente wird in hohem Maße dazu genutzt, weite Dach- oder Wandflächen mit Leben zu erfüllen, indem man das Sonnenlicht durch unzählige geometrisch ausgeschnitzte Scheiben und Wände filtert. Obwohl diese Arbeiten von strengen Regeln und von symbolischen Vorgaben bestimmt sind, fand ich doch, daß damit Schöpfungen voller Dynamik, Kühnheit und Bewegung entstanden, die mich begeisterten. Andererseits öffneten sie mir die Augen für die Formen und Muster der Naturwelt, die trotz all ihrer sichtlichen Willkürlichkeit und Spontaneität doch auf geometrisch bestimmten Strukturen beruhen."

Dieses Interesse veranlaßte sie zu einer zehnmonatigen Reise von Spanien über den Nahen Osten bis nach Indien, auf der sie den stufenweisen Wandel von europäischer zu islamischer Architektur und Kultur in Fotos und Zeichnungen festhielt und von der sie berichtet:

„Den stärksten Eindruck dabei machte auf mich das Bemühen der Menschen, Sinn und Ordnung in ihre Umgebung zu bringen, die oft geprägt war von den überwältigenden Landschaften, die die menschlichen Behausungen zu erdrücken schienen. Diese Eindrücke, wie kleine, aber eindrucksvolle primitive Heiligtümer in den Bergen oder an die tausend Reisterrassen, die sich an den Hügeln hochwanden oder auch die Kuhfladen, die man zum Trocknen von Hand auf Baumstümpfe klatschte, überlagerten jedes spezielle kulturelle Interesse, das ich hatte. Wenn ich die

Dekoriertes Boots-Ensemble von Antonia Salmon, Körperhöhe 14 cm; auf der Scheibe gedreht und dann verändert, das separate Oberteil mit Ritzdekor verziert.
(Foto Fran Evelegh)

Menschen in enger Beziehung zu ihrer Landschaft arbeiten sah, waren die visuellen Eindrücke außerordentlich bewegend, denn sie zeigten eine Mischung aus Entschlossenheit und Empfindsamkeit, Kühnheit und Charme über alle unmittelbaren kulturellen und religiösen Grenzen hinaus. Ich kehrte nach England zurück mit Ideen für Formen, die das Gefühl für die Menschlichkeit als bestimmendes Element einer Landschaft vermitteln sollten. Ich wünschte mir für diese Formen, daß sie durch ihre Kraft allein bestehen könnten, ohne Zusätze und für sich selbst und unter Verzicht auf jede unnötige Dekoration."

Weitere Anregungen bezog die Töpferin aus Stein- und Feuersteinkunstwerken im Museum of Mankind und im Britischen Museum, und auch diese beeinflußten ihre ersten rauchgebrannten Stücke, die sie auf einer kleinen Feuerstelle in ihrer bescheidenen Werkstatt brannte. 1986 begann sie mit diesen Experimenten, indem sie skulpturale Formen von Hand aufbaute und dabei ein Gefühl der Befreiung empfand gegenüber den eher funktionellen Stücken, die sie in Harrow hergestellt hatte.

Boots-Ensemble von Antonia Salmon, Körperhöhe 12 cm; auf der Töpferscheibe gedreht und verändert.
(Foto Fran Evelegh)

Mit ihren „Balance-Stücken" begann Antonia Salmon Ende der achtiger Jahre in dem Bestreben, etwas auf gekurvten Kanten Schwebendes zu schaffen. Dabei ging sie von gedrehten und dann veränderten Formen aus, auf denen sie ein Lineal ausbalancierte. Die Assoziation zu Werkzeugen und Arbeitsgeräten drängt sich auch in der Handhabung dieser glocken- und bootsähnlichen Objekte auf; man kann ihr „schwebendes" Oberteil abnehmen und dessen Stellung verändern. Die Stücke laden förmlich dazu ein, dies zu tun. Auch Bezüge zu den mächtigen Steinkreisen und Menhiren in den einsamen Landschaften, die Antonia Salmon zu durchwandern liebt, sind unübersehbar.

Die Töpferin verwendet weißen, dichten Steinzeugton, der sich gut eignet zum Einritzen der von ihr bevorzugten präzisen

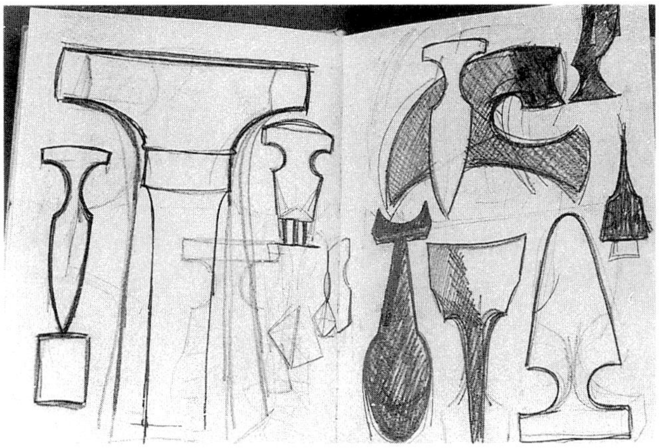

Eine Seite aus Antonia Salmons Skizzenbuch.

linearen Motive, zumeist auf Kreisbasis. Große Stücke formt sie aus sogenanntem „T-Material", einer mit einer Molochite-Magerung versetzten Modelliermasse, und versieht sie dann mit einem Schlickerüberzug. Sie kombiniert gern verschiedene Formtechniken: Drehen auf der Scheibe mit anschließendem Verändern, Plattenaufbau und Schnitzen. Die Bedeutung der Dekoration sieht sie darin, „dem Auge einen Blickpunkt und dem Gefäß Ausrichtung zu verschaffen". Nach dem Formen und dem Eintiefen der Dekoration werden die Gefäße poliert und nach der natürlichen Trocknung bei etwa 1100 Grad gebrannt. Obwohl durch den Brand die Politur optisch (wenn auch nicht taktil) verlorengeht, setzt Antonia Salmon auf diese hohe Temperatur, weil dadurch jene Festigkeit erreicht wird, die sie für ihre oft delikaten Formen braucht. Allerdings kommt es wegen des feinen Tons zu hohen Verlustquoten, die sie aber als unvermeidlich akzeptiert.

Die aufgesetzten „schwebenden" Oberteile scheinen auch den tatsächlichen Balanceakt der Künstlerin zwischen drei Arbeitsplätzen widerzuspiegeln. Denn ihre Werkstatt befindet sich ganz oben in ihrem dreistöckigen Haus in Sheffield, der Elektroofen dagegen in einem Schuppen neben dem Haus (was den Transport ungebrannter Ware auf Tage mit gutem Wetter beschränkt, da jeder Regentropfen die Politur beschädigen würde), und für den Räucherbrand muß sie auf das etwa zwanzig Fahrminuten entfernt gelegene Feld von Freunden in Der-

Ausschneiden der Seitenteile aus der gedrehten und modifizierten Form.

Einsetzen einer deckenden Scheibe.

Nachbearbeitung mit einer Metallniere.

Formen des „Schwebeteils“ durch Auswellen eines Tonstranges.

Nachbearbeitung des „Schwebeteils“ mit Ziehklinge und Glättniere.

Polieren mit einem Löffel.

byshire fahren. Ursprünglich benutzte sie dafür eine in ihrem Garten angelegte Grube, doch wegen der verschärften Umweltschutzbestimmungen ist das heute nicht mehr möglich.

Der Räucherofen ist eine niedrige Konstruktion aus Backsteinen mit zwei Kammern; Stahlplatten ringsum halten den Wind ab. Das Brennmaterial ist eine Mischung aus grobem und sehr feinem Sägemehl, dessen Verhältnis sich nach dem gewünschten Grad der Karbonisierung richtet. Das grobe Sägemehl verbrennt rasch und bewirkt dramatische Musterungen, das feine dagegen führt zu dichten und dunklen Tönungen. Das Holz selbst ist eine Mischung aus Weichholz und Mahagoni.

Die Gefäße werden mit großer Sorgfalt so angeordnet, daß bestimmte Flächen von der Karbonisierung ausgeschlossen werden können; Luftkanäle werden dadurch geschaffen, daß man Gefäße aufeinanderstellt oder aneinanderlehnt. Zumeist erfolgen mindestens zwei Räucherbrände, aber gelegentlich sind auch drei oder vier erforderlich, um die gewünschten Effekte zu erreichen.

Spontaneität und Zufälligkeit reizen Antonia Salmon besonders am Räucherbrand. „Durch den Räucherbrand erlaube ich einem Element von außen die weitgehend unbeeinflußte Mitwirkung. Ich lasse damit einen Prozeß zu, der freier und unabhängiger ist als ich selbst meiner Meinung nach bin. Das Brennen in Sägemehl hat mich gelehrt, die Dinge so zu nehmen, wie sie kommen.“

Die Gefäße in der Mischung aus feinem Sägemehl und groben Sägespänen.

Das Gemisch wird entündet; kleine und große Kammer sind gut zu erkennen.

Der Räucherbrandofen mit den vor dem Wind schützenden Stahlblechen.

Schale von Antonia Salmon, 26 cm breit; modelgeformt, poliert und mit Eintiefungen dekoriert.
(Foto Fran Evelegh)

Gabriele Koch

Gabriele Kochs bauchige, kürbisförmige Gefäße vereinen Form und Oberfläche auf völlig individuelle Weise; delikate Ausgewogenheit und Strenge der Form verbinden sich zu starker Ausstrahlung. Sie erinnert sich noch lebhaft an ihre Empfindungen bei der Gestaltung ihrer ersten Gefäße: „Die Fertigung dieser ersten Gefäße war eine regelrechte Offenbarung für mich; heute mache ich das ja täglich und bin daran gewöhnt, aber damals waren das bewegende und erregende Erfahrungen. Der Schlüssel zu meiner Werkstatt war zugleich der Schlüssel zu einer neuen Identität, der Schlüssel zur Selbstverwirklichung."

Gabriele Koch ist aufgewachsen in einer Akademikerfamilie im Schwarzwald, nahe den Grenzen zur Schweiz und zu Frankreich. Während ihres Studiums von Geschichte, Sprachen und Politikwissenschaft verbrachte sie einige Zeit in Zentralspanien, und die rasch entbrannte Liebe zur dortigen Landschaft und Kultur wurde zu einem bestimmenden Faktor für ihr Werk. Sie war fasziniert vom Kontrast zwischen der üppigen Vegetation des Schwarzwalds und den kargen, rötlichen Flächen und der Einfachheit des ländlichen Spaniens und vom Gegensatz zwischen dem hochtechnisierten Deutschland, wo sie stets nur von Tellern aus Industrieporzellan gegessen hatte, und der dortigen Welt, in der man zum Kochen und Servieren der Speisen bei niedriger Temperatur gebrannte Töpfe, Schüsseln und Teller mit gewölbten Böden verwendete. „Besonders diese gewölbten Böden beeindruckten mich – die Tatsache, daß etwas nicht gerade und fest steht, sondern beweglich ist und zwar wackelt, aber keineswegs umfällt. Diese Idee von Beweglichkeit bei gleichzeitiger Balance ist ja auch ein Bestandteil der östlichen Philosophie."

Nach dem Abschluß ihrer Studien 1973 ging Gabriele Koch nach London, um dort an einer Gesamtschule Deutschunterricht zu erteilen, und war beeindruckt vom Gewicht, das man dort auf die Kunsterziehung legte; denn in Deutschland war zum Beispiel Unterricht im Töpfern an Schulen nicht üblich. Sie schrieb sich für Abendkurse im Töpfern ein und erlernte dort den Umgang mit der Töpferscheibe; da sie aber unzufrieden war mit den mangelnden Möglichkeiten der Einflußnahme beim Brennen und Glasieren, schloß sie sich einer Töpfergemeinschaft an. Sie begann dort mit der Fertigung von Geschirr und lernte von den anderen Töpfern und Töpferinnen. Eines Tages wurde sie gefragt, ob sie denn schon zu ihrer Form gefunden habe. Zunächst wunderte und ärgerte diese Frage sie, und es dauerte eine ganze Zeit, bis sie sie verarbeitete und umsetzte in die „Bauchigkeit" ihrer Gefäße, die nun seit vielen Jahren ihr Schaffen bestimmt.

Polierte Schale von Gabriele Koch, 32 cm hoch. (Foto Fran Evelegh)

Gabriele Kochs Wunsch nach einem stärker selbstbestimmten Lebensstil führte schließlich zu der Entscheidung, der Fertigung von Gefäßen mehr Zeit zu widmen. Sie hatte schon immer eine Schwäche für Gefäße mit möglichst wenig Glasur gehabt. „Das Leuchten der mit Holz gebrannten spanischen Terrakotta-Gefäße hat mein Herz höher schlagen lassen. Bei reduktionsgebranntem Steinzeug war das keineswegs der Fall.“

Der Besuch einer Ausstellung von indianischen Werken in der Hayward Gallery gab einen wesentlichen Anstoß für ihren Entschluß, ihre Stücke zu polieren. „Mir hüpfte das Herz, wenn ich in Museen indianische und afrikanische Gefäße sah, und als ich einmal das polierte Stück eines befreundeten Töpfers in Händen hielt, wußte ich: Das war der richtige Weg für mich!“

Von 1979 bis 1981 besuchte Gabriele Koch einen Teilzeit-Anschlußkurs für Töpferei am Goldsmiths College of Art, um sich besser über die entsprechenden Rohmaterialien zu informieren und Sicherheit zu gewinnen. Unter Anleitung ihres Lehrers David Garbett übte sie sich besonders im Aufbau von Hand und begann sich intensiver mit dem Thema des Gefäßes an sich zu beschäftigen. „Meine Zeit am Goldsmiths College diente vor allem dazu, herauszufinden, was ich nun eigentlich sei: eine ‘Hochtemperatur-Persönlichkeit’ oder eine ‘Niedrigtemperatur-Persönlichkeit’, eine ‘Glasur-Persönlichkeit’ oder eine ‘Ton-Persönlichkeit’; kurz: bestimmte Dinge kristallisierten sich heraus.“ Über die Raku-Technik lernte sie das Brennen mit Sägemehl kennen und begann mit der Fertigung großer Gefäße.

„Diese Gefäße hatten eine doppelte Bedeutung für mich. Auf der einen Seite waren es natürlich schlichtweg Gefäße; auf der anderen aber symbolisierten sie zugleich das ‘Gefäß an sich’, sollten zurückführen zum frühen Gefäß, zum schlichten Topf. Alles drehte sich in dieser Zeit um Einfachheit: Einfachheit der Form, Einfachheit der Technik, und um Unmittelbarkeit. Ich habe sehr gezielt gestaltet damals und war mir sehr stark dessen bewußt, was ich jeweils tat.“

Nach Abschluß ihrer Studien am Goldsmiths College erhielt Gabriele Koch einen Existenzgründungszuschuß vom Craft Council und kaufte sich einen Tonwolf und einen Ofen als Grundstock für ihre Werkstatt. Damit begann ihre neue Tätigkeit als engagierte Kunsttöpferin.

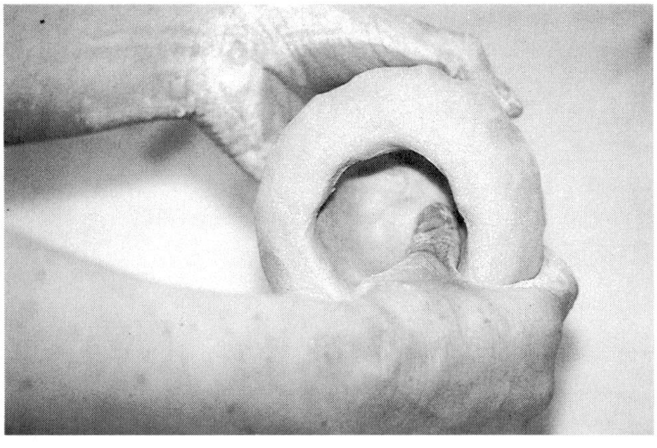

Als Basis dient ein „gepinchter“ kleiner Topf.

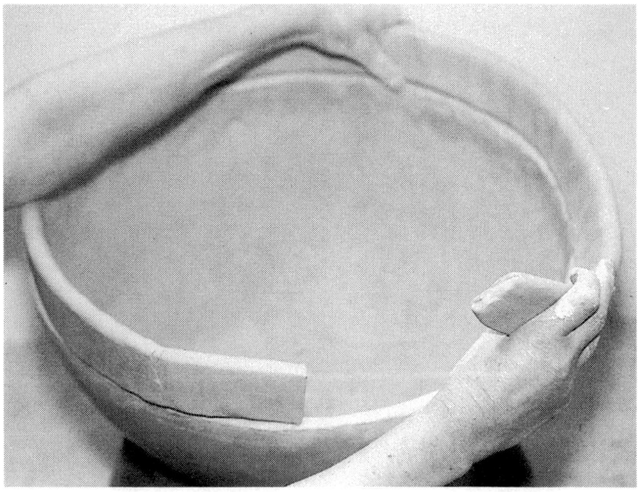

Die Form wird mit flachgedrückten Tonsträngen aufgebaut.

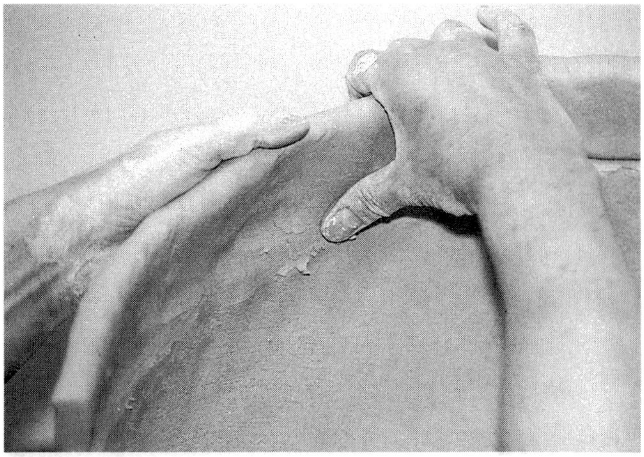

An der Innenseite werden die Stränge durch Zusammendrücken des Tons miteinander verbunden.

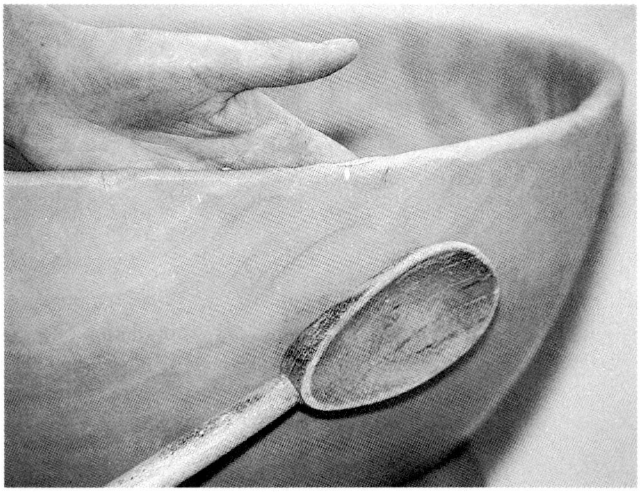

Zur Verstärkung der Verbindung, zur Erzielung einer geringeren Wandstärke und zum Nachformen wird der Ton geklopft, ehe ein Schlickerüberzug aufgetragen wird.

Die von Gabriele Koch ausgeübten Techniken des Aufbaus von Hand sind langsam, und das bringt es mit sich, daß auch die Weiterentwicklung der Formen langsam vonstatten geht, obwohl sich im vergangenen Jahr eine Tendenz zu flacheren Formen zeigte. Doch das Bauchige dominiert weiter in ihrem Werk, weil es für sie „ein Symbol für Harmonie und Frieden in unserer chaotischen Welt“ ist. Gabriele Koch verbindet ihre frühen Werke mit einem Gefühl des Kauerns, ihre späteren dagegen mit dem des Sich-aufrichtens. In starkem Maße beschäftigt sie das Verhältnis der Öffnung zum Ganzen; für sie kann ein Gefäß durch eine geringfügige diesbezügliche Veränderung, ganz ähnlich wie ein Mensch, seine Wirkung erheblich verändern. Wenn die Öffnung zu klein ist, kann das Gefäß unansehnlich wirken, ist sie jedoch zu groß, ungeschützt und verletzlich.

Als Material für ihre Gefäße verwendet die Töpferin eine Mischung, die jeweils zur Häfte entweder aus Porzellanton und „T-Material“ oder dieser Modelliermasse und rotem Irdenwareton besteht. Der Anfang wird jeweils gemacht mit einem Tonklumpen, der mit den Fingern zu einer flachgewölbten kleinen Schale gequetscht wird. Dann beginnt ein quälend langsamer Aufbau der Form im Wechsel von Aufwülsten und Klopfen; wenn man mehr als zwei Tonstreifen täglich ansetzt, besteht die Gefahr, daß die Form zusammensackt. Es bedarf großer Aufmerksamkeit, um die gewünschte Wölbung zu erzielen, denn es besteht immer die Tendenz, daß das Gewicht der aufgesetzten Tonstreifen die Form nach unten zusammendrückt. Ein dünner Schlicker aus dem gleichen Material wie der Körper, das jedoch durchgesiebt wird, um die Schamotte auszufiltern, wird in mehreren Schichten aufgetragen, und schließlich wird mehrfach mit dem Rücken eines Löffels poliert.

Der Schrühbrand wird bei 980 Grad über 24 Stunden ausgeführt – bewußt so langsam, um Sprünge möglichst zu vermeiden. Den Räucherbrand nimmt Gabriele Koch im Garten hinter dem Haus vor, wobei sie eine Mischung von Sägemehl aus Hart- und Weichholz als Brennmaterial und verzinkte Mülltonnen oder Ölfässer als Behältnisse verwendet. Die prächtigen, abwechslungsreichen Rauchzeichnungen erzielt sie durch eine sehr gezielte Anordnung der Gefäße, durch Abdeckung mit Scherben und durch Schaffung von Lufttaschen. Manchmal nimmt sie Gefäße sehr frühzeitig heraus, und natürlich wirkt sich auch die Form der Gefäße auf den Verlauf der Rauchzeichnung aus. Ständiges Experimentieren mit dem Räucherungsprozeß ist für Gabriele Koch ein wichtiges Anliegen. Zum Räucherbrand sagt sie:

> „Natürlich kann ich den Brand nicht hundertprozentig steuern, aber das will ich auch gar nicht. Die Steuerung ergibt sich aus jahrelanger Beobachtung dessen, was da abläuft und was geschehen ist. Was ich weiß, ist, daß ich voraussichtlich da und dort eine bestimmte Bewegung oder Lebhaftigkeit oder Musterung erwarten kann und eine demgegenüber ruhigere Fläche anderswo. Ich schaffe eine Form und überlasse sie dann dem Feuer und dem Rauch – das ist interessant daran. Die Wechselwirkung zwischen dem Rauch und meiner Tonoberfläche ist für mich viel wichtiger geworden als die eigene Festlegung bestimmter Zeichnungen.“

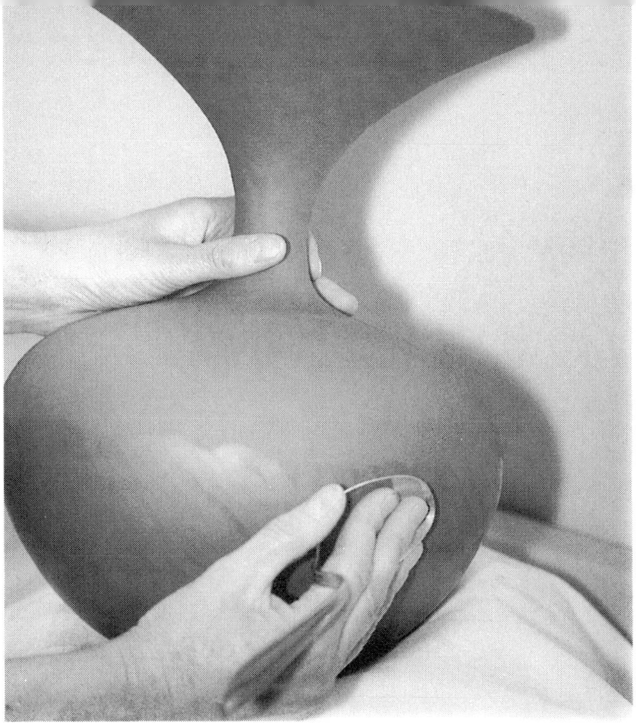

Die Oberfläche wird mehrmals poliert.

Für den Räucherbrand wird neben einer Abfalltonne und Ölfässern auch ein aus Backstein aufgesetzter Ring benutzt, der mit dünner Folie ausgelegt wurde, um das Eindringen von Luft durch die Ritzen zu verhindern.
(Alle Fotos von Fran Evelegh)

Oben: Poliertes Gefäß von Gabriele Koch, Höhe 34 cm.

*Rechts: Poliertes Gefäß von Gabriele Koch, Höhe 39 cm.
(Beide Fotos von Fran Evelegh)*

Wenn die Gefäße fertig sind, lebt Gabriele Koch erst einmal eine Zeitlang mit ihnen, um mit ihnen vertraut zu werden und ihren Charakter zu erfassen; erst dann gibt sie sie für Ausstellungen heraus. Ihre Arbeit nennt sie „mein Vergnügen, meine Freude, meine Liebe".

Blick in ein Ölfaß nach dem Brand.

Unter und auf einer Schale wird sorgfältig Sägemehl ausgebreitet.

Manche Stücke werden zur Vermeidung völliger Karbonisierung herausgenommen, ehe das Sägemehl vollständig verbrannt ist, und dann zum Abkühlen in eine Blechtonne gelegt; eine Abdeckung mit Zinnfolie und einem Schutz aus Keramikfasern dient der Verhütung zu raschen Auskühlens und dadurch verursachten Zerspringens. (Alle Fotos von Fran Evelegh)

Das Sägemehl wird mit einer Lötlampe entzündet; eine Keramikfaserabdeckung soll eine mögliche Explosion verhindern.

Bob Schmitz

Bob Schmitz lebt in Fairport im Staat New York und lehrt an der School for American Craftsmen am Rochester Institute of Technology. Er macht skulpturale und gefäßinspirierte Formen unter Verwendung verschiedener Niedrigtemperatur-Brenntechniken wie Grubenbrand, Kapselbrand und Sägemehlbrand zur Erzielung der von ihm gewünschten Oberflächeneffekte. Über sein Schaffen schreibt er:

„Ich arbeite mit Formen, die entweder mit der Töpferscheibe oder von Hand gefertigt werden (durch Aufwülsten oder Plattenaufbau). Alle Spuren des Entstehungsprozesses werden von der Oberfläche entfernt, und dann wird diese entweder mit einem Terra-sigillata-Schlicker überzogen oder poliert, damit sie glänzend wird. Diese Terra sigillata kann man entweder aus Irdenwareton oder aus Ball clay herstellen und entweder mit Metalloxiden oder mit keramischen Färbstoffen färben. Dieser Terra-sigillata-Überzug nimmt Rauchspuren und -musterungen aus organischen und anorganischen Stoffen an.
Die Inspirationen für mein Schaffen beziehe ich aus der Beobachtung von Naturformen. Meine flossenförmigen Objekte gehen auf die Überlegung zurück, was wohl übrig bleibt, wenn man das Fruchtfleisch einer Orange zwischen den ‚Rippen' herausschält. Wichtig war mir dabei der ‚negative Raum', der sich zwischen den sich berührenden Sektionen befindet. In diesen Objekten ging es mir um die Struktur und das, was innerhalb einer Form liegt. Die Tonwandung eines Gefäßes ist wie eine dünne Haut, die sich über die Form spannt. Diese Oberfläche enthüllt manchmal, oder deutet an, was eigentlich darunter ist. Ich will in diesen Objekten das darstellen, was man finden könnte, wenn diese Haut entfernt wird, die Innenstruktur oder Innenseite einer Form."

Bob Schmitz formt seine Stücke aus einer porzellantonartigen Mischung aus gleichen Anteilen von Kaolin, Feldspat, Ball clay und Flint. Nach dem Schrühbrand legt er sie in eine Abfalltonne, in deren Seiten, Boden und Deckel gleichmäßig verteilt einige wenige Löcher gebohrt wurden, umhüllt sie mit Sägemehl und räuchert sie.

Über seine weiteren Brennmethoden schreibt er folgendes:

„Bei einer meiner Räuchertechniken verwende ich in Salzlauge getränktes Brennmaterial wie Stroh, Sägemehl und Lumpen. Diese Materialien werden um das Brenngut herum in Tonkapseln gelegt. Es gibt aber noch eine Menge anderen Zeugs, das sich zu diesen Zwecken verbrennen läßt: Kohlengrus, Obstschalen, Kaffeesatz und alle möglichen pflanzlichen Teile. Das alles hinterläßt dann jeweils andere Effekte auf der Oberfläche.
Bei einem anderen Verfahren verwende ich Vermikulit (einen ziemlich feuerfesten, gestreckten Glimmer aus den USA) als Suspensionsmittel für organische und anorganische Stoffe. Die Gefäße werden wieder in Kapseln gelegt, und das Vermikulit hält beim Brennen die reaktiven Materialien dicht an der Oberfläche der Formen. Das Vermikulit läßt sich mit einer Solelösung metallischer Salze tränken. Erfolgreich eingesetzt habe ich schon Kaliumbichromat, Eisenchlorid und Kupfersulfat. Nach dem Trocknen werden mit dem entsprechend behandelten Vermikulit die Oberflächen der Gefäße bedeckt. Flächen, die nicht getönt werden sollen, kann man mit unbehandeltem Vermikulit abdecken; auf diese Weise läßt sich eine gewisse Steuerung der Musterung erreichen.
Der Ofen wird auf 1050 bis 1100 Grad aufgeheizt. Sowohl die Temperatur als auch die Atmosphäre im Ofen sind wichtige Variablen zur Beeinflussung der Resultate."

Flossenförmiges Objekt von Bob Schmitz (USA), Durchmesser 35 cm.

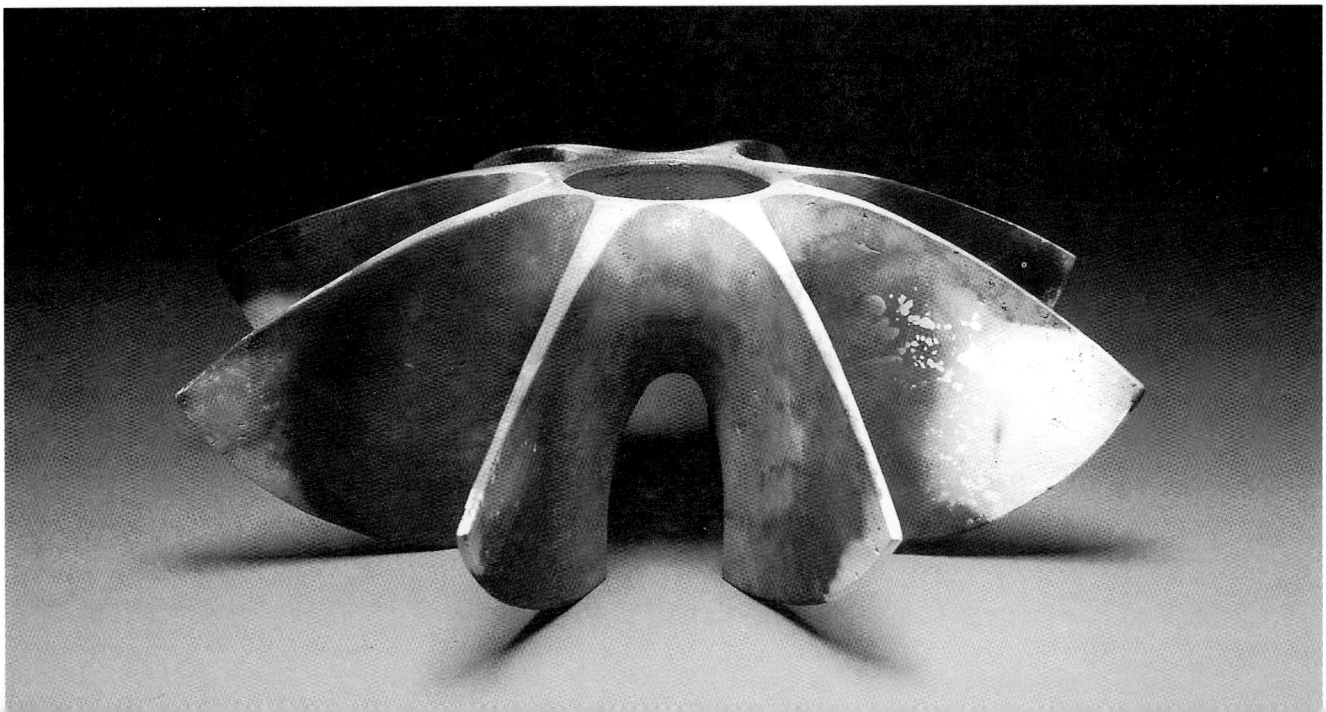

George Kokis

George Kokis lebt in Oregon und unterrichtet an der Abteilung für Schöne und Angewandte Künste der Universität von Oregon. Er gestaltet skulpurale Stücke mit psychologischen, mythologischen und mystischen Bezügen, deren Oberflächen er mit Rauch tönt und „bemalt".

Über sein Schaffen teilt er mit:

„Seit etwa fünf oder sechs Jahren beschäftige ich mich mit dem Räucherbrand, hauptsächlich mit Sägemehl. Etwa ein Jahrzehnt lang hatte ich mich am Salzbrand begeistert, dann aber das Gefühl bekommen, damit das mir zustehende Frischluftkontingent zu stark zu belasten. Daher entschloß ich mich dazu, meinen Technologieaufwand so weit wie möglich zu verringern, und wandte mich dem Sägemehlbrand als der am einfachsten zu handhabenden Methode zu. Die Ergebnisse haben mich sehr beeindruckt, und daher habe ich vor, in erster Linie bei dieser Art des Brennens zu bleiben. Ein anderer Aspekt ist, daß ich nach dem Schrühbrand meine Stücke zerbreche und die einzelnen Teile dem Räucherbrand unterwerfe. Dann setze ich sie wieder zusammen, und es ergeben sich interessante Färbungskombinationen. Für die Farbgebung verwende ich vor allem Ocker und einige gefärbte Schlicker, aber die Hauptwirkungen schafft doch der Rauch.

Was meine Inspirationsquellen angeht, bin ich immer wieder angezogen von den Gefäßen aus frühen Kulturen, vor dem Beginn der Manufakturerzeugung und der von Produktivitätsgrundsätzen beherrschten industriellen Fertigung. Daß diese Stücke auch rituellen Zwecken dienten und sich mit religiösen Vorstellungen verbinden, regt meine Phantasie an. Ich sehe künstlerische Formen als greifbare Belege der geistigen Integrität des Menschen, und ich strebe danach, diesem hohen Anspruch zu genügen. Das ist natürlich nicht leicht, und man darf sich selbst dabei auch wieder nicht zu wichtig nehmen. Ich bin Anhänger der „archetypischen Psychologie" von Carl Gustav Jung und nutze mythische Stoffe ausgiebig in meiner Arbeit und beim Unterricht. Meine schöpferische Tätigkeit als Lehrer empfinde ich gleichermaßen lohnend wie die Fertigung meiner Objekte."

„Steinhalter" von George Kokis (USA), Höhe 25,5 cm.

Jennifer Elion

Steinpyramide von Jennifer Elion (Kanada); Durchmesser der einzelnen Steine 12–18 cm. Die Künstlerin schreibt dazu: „Diese aufgestapelten Steine wurden von Hand im Quetschverfahren geformt aus rotem oder weißem Niedrigtemperaturton, dann poliert und einem Schrühbrand bei 980 Grad unterworfen. Dann wurden sie in leicht befeuchtetes Seegras gewickelt, zwischen Lagen von Sägespänen in eine Blechtonne gelegt, in die dicht über dem Boden ringsum eine Reihe von Löchern gebohrt worden war, und langsam von oben nach unten geräuchert. Das Seegras hinterläßt feine Zeichnungen, die wie Fossilienspuren wirken. An den nicht vom Rauch berührten Stellen färbt das Salz im Seegras den Ton in zarten Pink- bis Braunschattierungen."

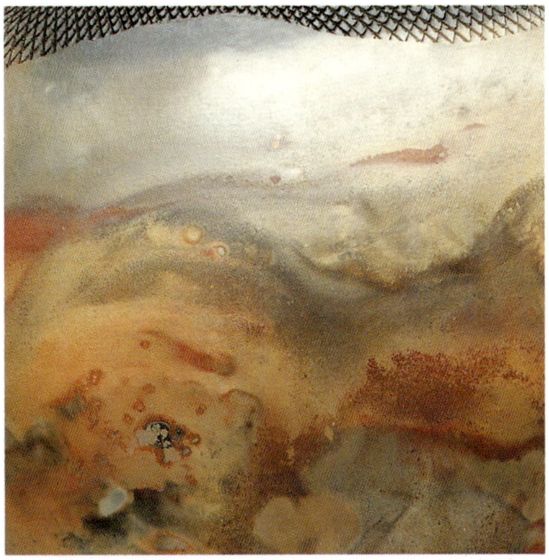

Rauchbrand in einer Grube

Die drei in diesem Kapitel vorgestellten Töpfer führen den Rauchbrand durch in aus dem Boden ausgehobenen Gruben. Dabei hängt deren Ausmaß ab von der Größe und der Anzahl der zu räuchernden Gefäße; sie können genausogut nur dreißig Zentimeter wie eineinhalb Meter tief sein. Die Methode erfordert keinerlei besondere Ausrüstung oder Werkzeuge; für das Befeuern und das Verschalen der Grubenwände kann man Abfallholz oder Reststücke verwenden.

Ray Rogers und Barry Hayes streuen Salz und Oxide auf das Sägemehl, in das sie ihre Gefäße einpacken, um damit neben den Rauchzeichnungen auch Farbverläufe zu erzeugen. Der Grubenbrand scheint, wie mir die Korrespondenz mit Töpfern in Australien und den Vereinigten Staaten gezeigt hat, dort stärker verbreitet zu sein, was sicher damit zusammenhängt, daß es dort viel größere offene Landflächen gibt und auch die Witterungsverhältnisse günstiger sind als hier in England.

Da man bei dieser Technik jeweils große Mengen von Gefäßen brennen kann, bietet ein solcher Grubenbrand auch eine gute Gelegenheit für Töpfer oder auch ganze Töpfergruppen, gemeinsam zu brennen und dabei ein geselliges Treffen zu veranstalten. Da Töpferinnen und Töpfer ja meist für sich arbeiten, kann das eine willkommene Möglichkeit zum Austausch von Erfahrungen und Ideen sein.

Ray Rogers

Ray Rogers wurde in Neuseeland geboren und lebt jetzt im australischen Bundesstaat New South Wales. Durch seine Lehrtätigkeit und die von ihm veranstalteten Workshops gab er den Hauptanstoß zur Ausbreitung des Brennens in Gruben; er führte diese Methode 1981 in Neuseeland und 1984 in Australien ein.

Rogers formt sphärische und elliptische, galaktisch wirkende Gebilde, deren geriffelte und marmorierte Oberflächen den Eindruck vermitteln, als blicke man aus dem Weltraum auf die von Wolken umhüllte oder von einem phantastischen Sonnenuntergang beleuchtete Erde. Er hat auch Wandbilder aus Reihen von dreidimensionalen, gebuckelten quadratischen Fliesen geschaffen, die ebenfalls seine kosmische Bilderwelt widerspiegeln. Da er immer wieder in ländlichen Gebieten und Küstenregionen lebte, ist auch ein Enfluß organischer Formen wie der von Korallen und Pilzen auf sein Werk spürbar, der sich zum Beispiel in den Öffnungen seiner Gefäße auswirkt, die an die Unterseite von Pilzen erinnern. Mit einem seiner Gefäße errang er 1983 den begehrten Preis des Fletcher-Wettbewerbs.

Den Weg zum Gestalten mit Ton fand Rogers 1970 mitten in einer erfolgreichen Karriere im Vertriebsbereich von Petrochemikalien, und er faßte bald den Entschluß, sich voll und ganz der Keramik zu verschreiben. Zunächst fertigte er in der Tradition von Leach und Hamada, die bis weit in die siebziger Jahre in Neuseeland vorherrschend war, Steinzeug- und Porzellanerzeugnisse. Dazu äußert er sich wie folgt:

> „Meine Tätigkeit auf diesem traditionell bestimmten Gebiet während der ganzen siebziger Jahre erwies sich als äußerst nützlich zur Aneignung der erforderlichen Disziplin. Es wurde mir bewußt, daß die beste Arbeit sich nur langsam entwickelt, indem man dem einen oder anderen Thema gründlich nachgeht, und die sogenannte ‘Inspiration’ ergibt sich aus der unmittelbaren Beschäftigung mit dem entsprechenden Stück. Ich schätze die Vorstellung, daß wir ein Gefäß sind, in das Erkenntnisse einfließen, wenn wir offen, empfänglich und aufmerksam sind – die meisten von uns aber sind es nicht, zumindest meistens nicht.“

1980 fühlte sich Rogers, nachdem er sich seit mehr als zehn Jahren auf diese traditionelle Weise mit Ton beschäftigt hatte, reif dafür, neue Wege zu gehen. Dazu schreibt er:

„Ein Erlebnis im Jahre 1980 wurde außerordentlich bestimmend für mein Schaffen. Ich war in Europa und den Vereinigten Staaten auf Reisen und kam in San José in Kalifornien gerade recht zum alljährlichen Treffen der ‘Niedrigtemperatur-Begeisterten’. Dreihundert Töpfer und Töpferinnen errichteten Raku-Öfen, manche davon extravagant und andere wieder rein funktionell, teils mit Gas und teils mit Holz befeuert. Große und kleine Brenngruben wurden in den Sand gebuddelt. Als ich die Ergebnisse der Grubenbrände sah, verlangte es mich ungeduldig nach Experimenten mit meinen eigenen Gefäßen, da ich den Eindruck hatte, daß die Brennmethode sehr gut zu meinem Stil passen würde.

Diese Methode führt zu spontaner Oberflächendekoration und ist besonders geeignet für meine im Grunde einfachen Formen. Das offen flackernde Feuer erzeugt orangefarbene, graublaue, schwärzliche und cremefarbene Tönungen, die über die Oberfläche wirbeln – teils kräftig, teils gedämpft. Die fertigen Stücke machen einen irgendwie galaktischen Eindruck, und jedes zeigt, je nach Farbe und Musterung, ein ganz eigenes ‘Gesicht’.

Zur Erzielung einer glatten Oberfläche werden die Gefäße von mir in lederhartem Zustand ‘halbpoliert’. Die vielen Stunden, die ich dieser Arbeit widme, lohnen sich, und ich empfinde diese Tätigkeit als durchaus befriedigend. Jedes meiner Stücke ist zwar einmalig, also ein sogenanntes ‘Unikat’, dennoch bleibe ich gerne innerhalb eines gewissen Themas und erprobe dabei Varianten und Nuancen, die oft neue Möglichkeiten für künftige Entwicklungen eröffnen. Wenn man dem Ton gestattet, ‘seine eigenen Antworten zu geben’, kann das oft zu innovativen Variationen innerhalb des Themas führen, die unerwartete Bereicherungen für das gesamte Schaffen bringen können.

Fast alle meine Gefäße werden auf der Scheibe gedreht und später weiterbearbeitet, wobei ich einen Steinzeugton eigener Mischung unter Zusatz von Schamotte und Fireclay (feuerfestem Ton) verwende. Andere Tonkörper erfordern wieder andere Behandlung; im übrigen sind auch einige handelsübliche Tone durchaus brauchbar, und ich setze ihnen dann 8 % Sand, 12 % Schamotte und 20 % Fireclay zu. Die meisten Tone halten beim Grubenbrand kleinerer Gefäße den Thermalschock aus. Oft steigt aber bei größeren Gefäßen das Risiko von Rissen infolge des

Thermalschocks erheblich an, und zwar in einem Ausmaß, das erheblich über dem Größenzuwachs liegt. Die Töpferscheibe benutze ich wegen der damit gegebenen höheren Geschwindigkeit und Bequemlichkeit, um den aufbereiteten Ton annähernd in die gewünschte Form zu bringen, ehe die eigentliche Arbeit mit dem Ausformen von Details und der Endbearbeitung beginnt. Anschließend unterziehe ich die Gefäße dem Schrühbrand bei der relativ niedrigen Temperatur von 750 Grad.

Wenn ich genug Sägemehl, Feuerholz (wofür man so gut wie alles nehmen kann, was nicht lackiert oder kunststoffbeschichtet ist) und Wellblech zusammen habe, kann das Ausheben der Grube stattfinden. Der Aushub ist beträchtlich, wie ich beim Anlegen meiner ersten Grube von Hand betroffen feststellen mußte. Eine solche Grube ist etwa vier bis fünf Meter lang, eineinhalb Meter breit und eineinhalb Meter tief. Auf den Boden kommt eine etwa zwanzig Zentimeter hohe Sägemehlschicht, und die Grubenwände muß man mit Brettern verschalen, um ein Herunterbröckeln der Erde beim Einsetzen des Brenngutes zu verhindern.

Die Gefäße kann man mit geringen Mengen von Oxiden besprühen, um Farben hervorzubringen; nach Belieben kann man auch Salz zusetzen. Das Einsetzen der Gefäße erfordert eine gewisse Sorgfalt, und man muß dabei auch die gewünschten Effekte berücksichtigen; einige Gefäße werden auf andere gesetzt. Wo sie auf dem Sägemehl liegen, kommt es durch den Rauch zu Reduktion und Karbonisierung. Wenn man bestimmte Farbwirkungen auf den Oberflächen erzeugen will, muß man beim Aufbringen der entsprechenden Oxide seine Vorstellungen dazu im Kopf haben. Bei der Verwendung von Eisenoxiden ergibt der Zusatz von Salz orangefarbene Schattierungen. Kupferkarbonat 'wandert' und ergibt zarte, pastellige Rot- und Pinktöne. Verschiedene Tone reagieren je nach ihrem Eisenanteil unterschiedlich, also sind auch die Ergebnisse verschieden. Bei Kobalt läßt sich Blaufärbung voraussagen, bei Chrom Grünfärbung. Man kann auch mit Bananenschalen, Seetang oder anderen organischen Stoffen experimentieren.

Das trockene Feuerholz wird bis zu einer Höhe von einem halben bis einem Meter auf die Gefäße gehäuft, oben um den Rand legt man Wellblechplatten, was eine gewisse Kontrolle über das Feuer erlaubt. Gewöhnlich muß man Holz nachlegen, doch muß man dabei sehr darauf achten, die Gefäße nicht zu beschädigen, besonders wenn welche davon nun freiliegen. Der Brand dauert vier bis fünf Stunden, und dann deckt man die Grube ganz mit den Wellblechplatten ab. Für das Abkühlen rechne ich gewöhnlich mit 24 Stunden. Meine Verlustquote durch Risse und Sprünge liegt inzwischen bei 20 %, und ich finde das akzeptabel.

Sorgfältiges Achten auf Details, besonders während des Brandes und beim Öffnen der Grube oder des Ofens, kann sich erheblich auszahlen. Das führt oft zur Entdeckung besonderer Effekte oder zu anderen Beobachtungen, auf denen man dann weiter aufbauen kann."

Zur Zeit experimentiert Ray Rogers mit Lüsterungen durch Kapselbrand, wobei er Sägemehl verwendet, um auf den Oberflächen bewegte Muster und karbonisierte schwarze Flächen zu erzeugen.

Seine persönliche Entwicklung betrachtet er als ganz wesentlichen Faktor für die Entwicklung seines Schaffens. Er besucht Kurse für Philosophie, in denen er, wie er sagt, lernt, „sich zu befreiene von vorgefaßten Meinungen und überkommenen Werten, an die wir uns klammern, und dadurch unserem Leben neue Bedeutung zu geben." Der Wendepunkt für ihn war die erste Begegnung mit dem Grubenbrand in Kalifornien. Damit begann für ihn eine fortschreitende Abkehr von der strengen Kontrolle über die Stücke und eine Hinwendung zur Freigabe der Brennprozesse. Von seinem Werk sagt er: „Ich möchte nach Wegen suchen, die Sicherheit und Selbstzufriedenheit aufzubrechen, die sich leicht mit einmal erworbener Fertigkeit verbinden."

Ray Rogers bereitet den Einsatz seiner Gefäße in die Grube vor.

In der Grube werden die Gefäße auf eine dicke Lage von Sägemehl gesetzt; sie wurden vorher zur Entwicklung von Farben mit Oxiden besprüht.

„Scheibenform“ von Ray Rogers; 40 x 50 cm, grubengebrannt.

Links: „Gekerbte Sphäre“ von Ray Rogers; Durchmesser 54 cm, grubengebrannt.

Unten: Wandbild von Ray Rogers; 99 x 213 cm, grubengebrannt.

Trockenes Feuerholz wird etwa 0,5 bis 1 m hoch direkt auf die Gefäße gehäuft.

Beim Nachschüren; der Brand dauert etwa 4–5 Stunden, dann wird die Grube mit Wellblechplatten abgedeckt.

Nach 24 Stunden des Auskühlens werden die Wellblechplatten entfernt.

Beim Ausgraben der Gefäße aus der Asche trägt Rogers Handschuhe und eine Schutzmaske.

Ein gelungenes Gefäß ist Grund zum Jubel.

Barry Hayes

Barry Hayes lebt als hauptberuflicher Töpfer in einer ländlichen Gegend im australischen Bundesstaat Victoria. Einerseits fertigt er salzglasiertes Gebrauchsgeschirr, andererseits in Rakutechnik und in der Grube gebrannte Einzelstücke.

Über seine Tätigkeit als Töpfer schreibt er:

„Abgesehen davon, daß es mir meinen Lebensunterhalt einbringt – was bedeutet es für mich, Töpfer zu sein? Ich sehe das zunächst einmal als Verbindung zwischen Vergangenheit und Gegenwart. Die Töpferei hat eine lange Tradition, die wie eine ununterbrochene Kette ist, die uns mit den frühesten Töpfern verbindet. Die Gefäße, die heute gefertigt werden, sind von der Vergangenheit beeinflußt und werden ihrerseits wieder die Zukunft beeinflussen. Die Herstellung von Gefäßen verschafft mir ein Gefühl der Identität, ist ein greifbares Bindeglied zwischen Vergangenheit und Zukunft.

Aber die Herstellung von Gefäßen hat natürlich auch einen Bezug zur Gegenwart, denn sie ist beeinflußt von den Sitten und Werten unserer Gesellschaft. Sie ist eng verknüpft mit den Ritualen unseres täglichen Lebens. Wir essen und trinken aus Gefäßen und kochen damit. Gefäße werden oft auch als Geschenke ausgetauscht bei Gelegenheiten, die aufgrund der kulturellen Bewertungen unserer Gesellschaft für wichtig gehalten werden. Alle Zeitalter hindurch wurden gleichermaßen die Wohnungen der Lebenden wie die Stätten der Toten mit Gefäßen geschmückt. Daher heißt Töpfer zu sein für mich, in Beziehung zu stehen zu unserer heutigen Gesellschaft und zu ihr einen Beitrag zu leisten."

Barry Hayes lebte mehrere Jahre lang in Papua-Neuguinea und ist beeinflußt von einfachen, traditionellen Formen. „Auch nigerianische und frühe chinesische Gefäße hatten großen Einfluß auf mich. Für mich verleihen die schönen, schlichten Linien und die großzügigen Wölbungen diesen Gefäßen ruhige Kraft und Sinnlichkeit. Diese einfachen Formen sind ein perfektes Medium für das von Zufälligkeiten bestimmte Brennen in der Grube."

Hayes dreht seine Gefäße auf der Scheibe und verwendet einen handelsüblichen Steinzeugton, dem er 40 % Fireclay hinzufügt. Wenn sie lederhart sind, werden sie abgedreht, poliert und dann einem Schrühbrand bei 825 Grad unterzogen. Die ausgehobene Grube wird mit Backsteinen oder Blech ausgekleidet, um Einsturz oder Abbröckeln der Wände zu verhindern, und dann etwa 20 cm hoch mit Sägespänen angefüllt. Unter jedes Gefäß wird gesondert besonders feines Sägemehl gehäuft. Dort, wo dieses unmittelbaren Kontakt zum Gefäß hat, schwärzt es dessen Oberfläche; es findet also eine begrenzte Karbonisierung statt. Die gröberen Sägespäne bewirken wiederum aufgrund der streng begrenzten Oxidations- und Reduktionszonen einen weißen Halo-Effekt um die geschwärzte Fläche. Außerdem wird um jedes Gefäß Kupferkarbonat und Steinsalz verteilt; beim Verdampfen während des Brandes werden dadurch willkürliche gelbe, blaugrüne, pink- und aprikosenfarbene Flecken erzeugt. Außerdem sorgt der Rauch vom Holz und den Sägespänen für fedrige Musterungen.

Die Gefäße werden ziemlich eng aneinandergelegt und zum Schutz vor plötzlichen Temperatursprüngen mit Scherben bedeckt. Dann kommt erst einmal, zum weiteren Schutz der Gefäße und zur Gewährleistung eines allmählichen Hitzeanstiegs, eine etwa 5 cm dicke Schicht dichtgepackter dünner Zaunlatten darauf. Schließlich wird lose Brennholz darüber gehäuft bis in Bodenhöhe, die Grube wird mit Wellblechplatten abgedeckt, und dann entzündet man an der näher am Wind liegenden Seite das Feuer. Während des Brandes kann man durch leichtes Anheben der Wellblechabdeckung an bestimmten Stellen dafür sorgen, daß die Flammen durch die Grube ziehen und gleichmäßige Hitze erzeugt wird. Im Verlaufe eines achtstündigen Brandes muß vier- bis sechsmal Holz nachgelegt werden; dann wird die Grube gut abgedeckt, um während der nächsten 36 Stunden auszukühlen.

„Im Laufe der vergangenen sechs Jahre habe ich mehr als 2000 Brände durchgeführt, aber ich bin immer wieder neu fasziniert von den erzielten Effekten und von dem Ausmaß an Chancen und Zufälligkeiten, das in dieser Methode steckt. Es kommt bei mir weiterhin zu verheerenden Bränden, meist zu ordentlichen und gelegentlich zu außerordentlichen Bränden. Das beste an der ganzen Sache ist, daß jedesmal, wenn man die Grube öffnet, sich wieder andere Ergebnisse zeigen."

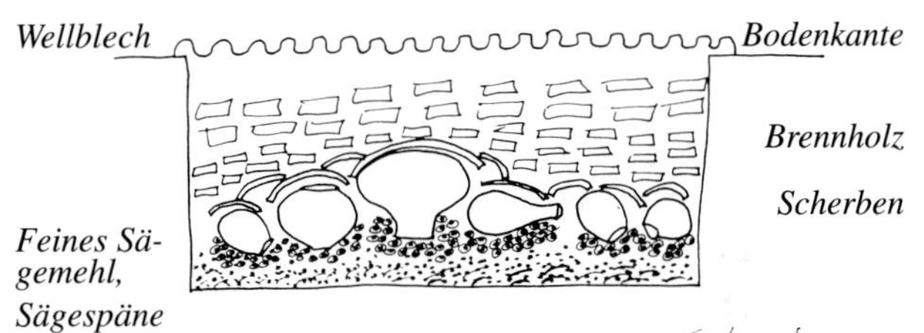

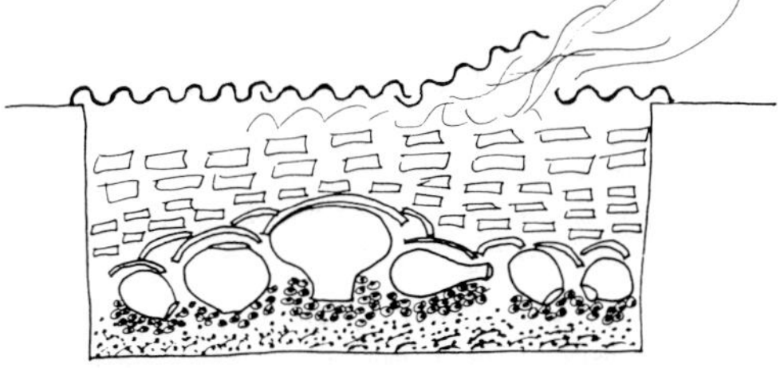

Durch Anheben einer Wellblechplatte entsteht ein provisorischer Feuerzug, um die Flammen durch die Grube zu führen.

Barry Hayes' Methode des Grubenbrandes.

In der Grube gebranntes Gefäß von Barry Hayes (Australien).

Die Wellblechabdeckung wird ein Stück geöffnet, damit die Flammen durch die Grube ziehen und ein gleichmäßiger Brand gewährleistet ist.

John Stephenson

John Stephenson lebt in Ann Arbor, Michigan und ist dort Dekan der Kunstfakultät an der Universität von Michigan. Während seiner dreißigjährigen Tätigkeit auf dem Gebiet der Keramikskulptur fand er viele neue Wege der Annäherung an dieses Medium und der Auseinandersetzung damit. Als er 1962 zum Studium von Ascheglasuren ein Jahr in Japan verbrachte, förderte das seinen philosophischen Ansatz zum Umgang mit Ton und seine Hinwendung zu dessen skulpturalen Qualitäten, abweichend von der traditionellen Neigung zum Formen von Gefäßen.

Während der späten siebziger und der achtziger Jahre wandte er die Methode des Grubenbrandes an, und er schreibt dazu:

„Während dieser Zeit arbeitete ich an Wanddekorationen, die das 'Harte' des Aluminiums oder auch Holzes dem 'Weichen' der mit Sägemehl in der Grube gebrannten Tonformen gegenüberstellte. Diese Wanddekorationen wurden in einigem Abstand zur Wand angebracht, so daß sie zu schweben schienen und Schatten warfen. Die meisten Tonteile dieser Kompositionen waren mit dem Extruder geformt und entsprechend angepaßt worden, und dann waren sie durch Tonscheiben ergänzt worden. Als ungefähre Vorstellung konnte man die 'harten' Teile aus Aluminium oder Holz als 'Knochen' betrachten und demgegenüber die 'weichen' Tonelemente als 'Muskeln'.

Das Brennen der Tonformen war ein sehr einfacher Vorgang. Die aus Niedrigtemperaturton geformten Tonteile waren ja so klein, daß ein kaum 50 cm tiefer Graben reichte, in den sie nach dem Schrühbrand gelegt wurden. Gelegentlich sorgte ich für Abstand dazwischen, indem ich kleine Holzstäbe in das Sägemehl steckte. Der Tonkörper war weich genug, um den Rauch leicht in die offene Oberflächenstruktur eindringen zu lassen. Gelegentlich wurde Farbe ergänzt durch einen zusätzlichen Niedrigtemperatur-Glasurbrand. Unglasierte Stellen, die den Rauch annehmen sollten, waren dabei eingeplant worden.

„Ohne Titel" von John Stephenson, Höhe 60 cm; bei niedriger Temperatur gebrannter und geräucherter Ton auf Aluminiumgestell.

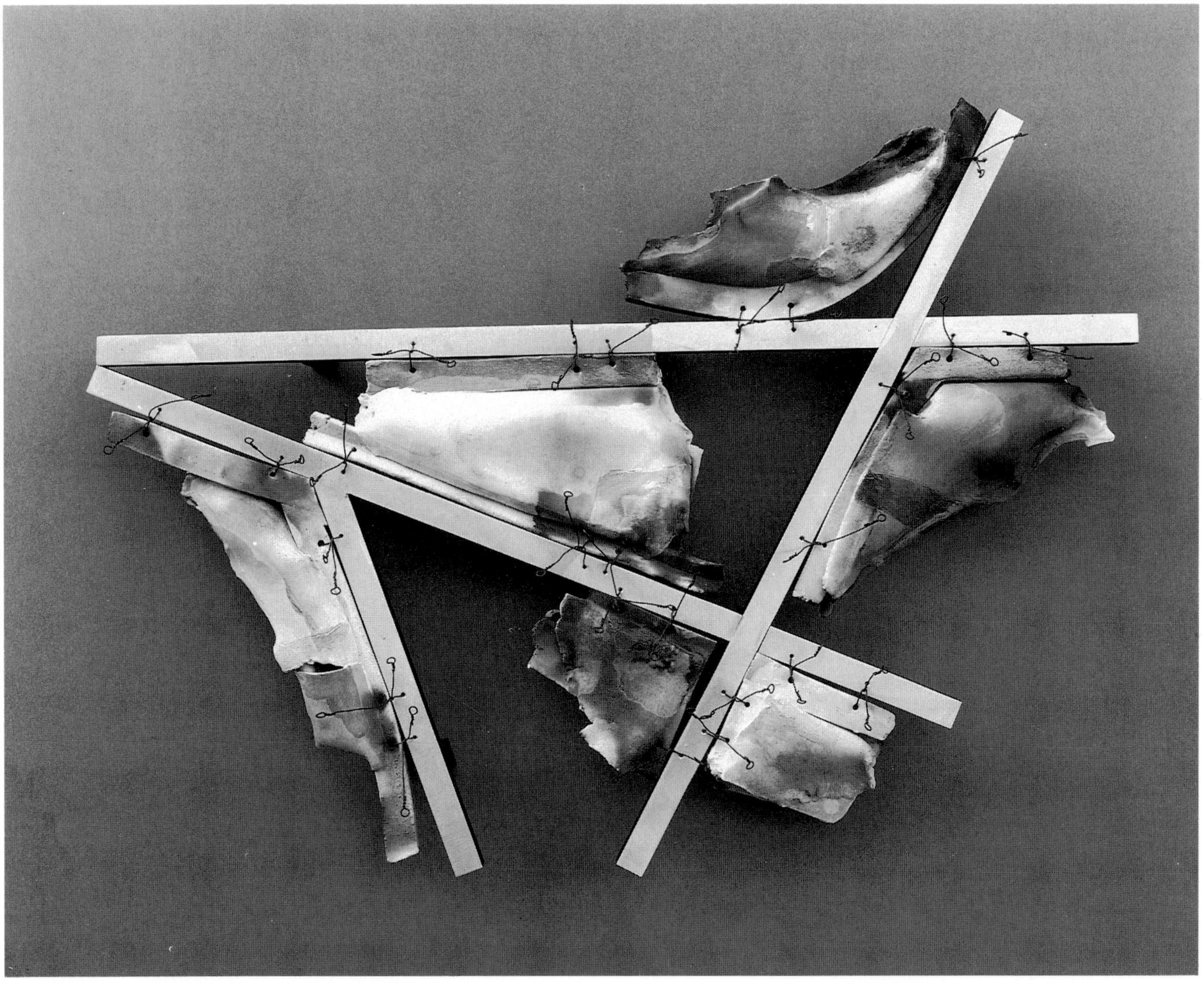

Auf den glasierten Flächen ergaben sich bei dieser Methode die gleichen Effekte wie bei Raku, denn sie zeigten die Ergebnisse der Reduktion. Überraschender jedoch war, daß die glasierten Flächen ein sehr viel 'verrückteres' Aussehen bekamen. Die Oberflächen wirkten regelrecht dramatisch, gelegentlich wie Teile eines Gebäudes, in dem das Feuer gewütet hatte. Es entstanden lange, unregelmäßige Linien ganz im Gegensatz zu dem üblichen eher gleichmäßigen Craqueléemuster glasierter Oberflächen."

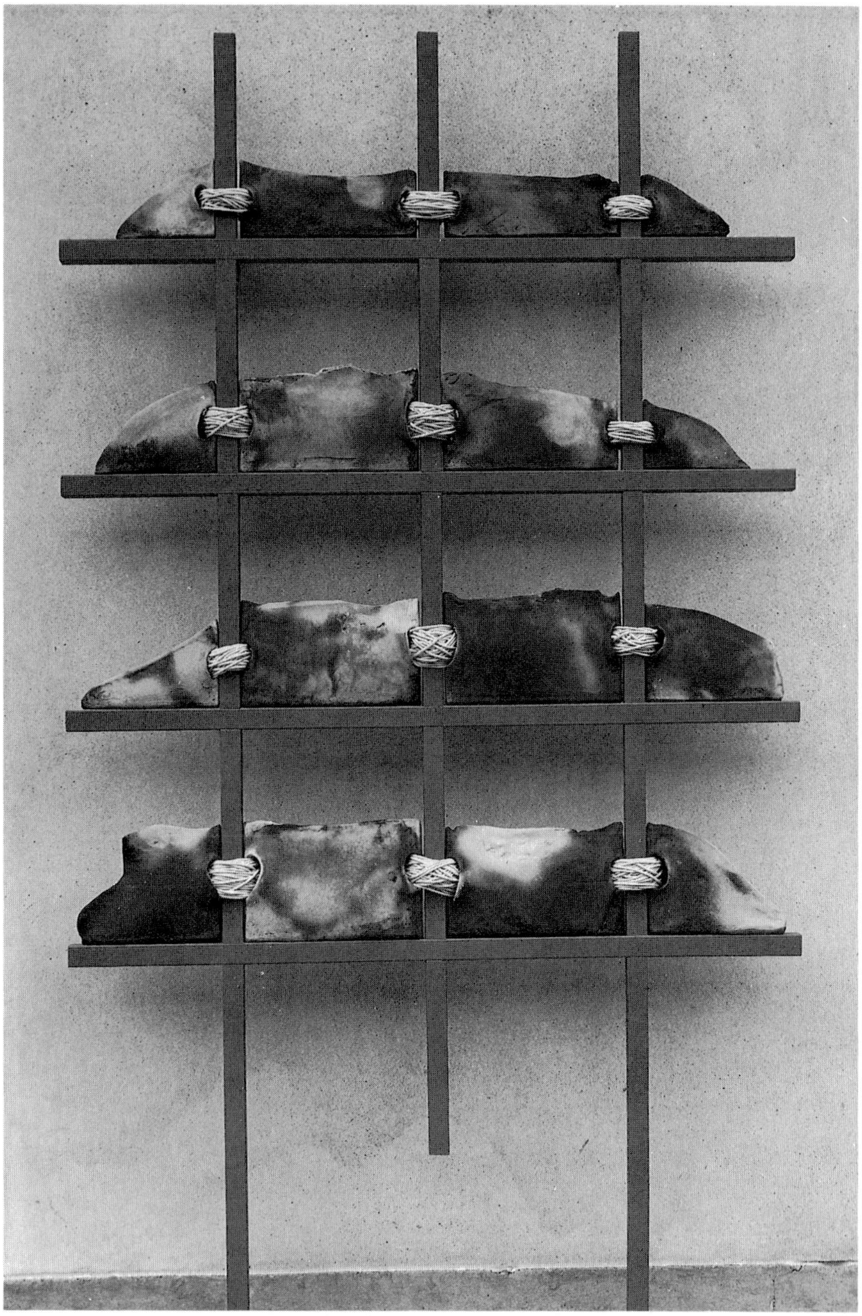

„Vier Definitionen" von John Stephenson (USA), Höhe 210 cm. Grubengebrannte Terrakotta, befestigt auf einem Gitter aus mit Acrylfarben bemaltem Holz.

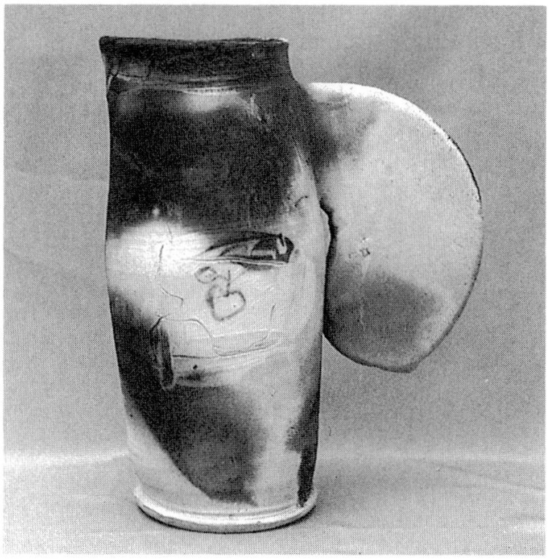

Rauchbrand in einer Kapsel

Die im Folgenden vorgestellten Töpferinnen und Töpfer benutzen eine Kapsel (einen feuerfesten Behälter), die mit dem Brenngut und dem Brennmaterial gefüllt und zum Brennen in einen Ofen eingesetzt wird. Solche Kapseln kann man fertig kaufen, sie sich selbst aus feuerfestem Ton (Fireclay) formen oder sie im Ofen selbst aus Ziegelsteinen zusammensetzen. Da sich eine solche Kapsel absolut dicht verschließen läßt, kann man darin eine vollständig reduzierende Atmosphäre erzeugen, was einen erheblich stärker kontrollierten Brand ermöglicht. Magdalene Odundo erreicht auf diese Weise vollkommene Schwärzung, Duncan Ross gleichmäßige Deckung der Muster seiner Oberflächendekorationen. Andere wieder, wie Alison Tinker, erzielen eine Vielfalt von Tönungen und Musterungen dadurch, daß sie verschiedene organische Materialien mit in die Kapsel füllen oder Sägemehl und Sägespäne in unterschiedlichen Dichten um ihre Gefäße packen.

Duncan Ross

Die von Duncan Ross aus polierter Terrakotta geschaffenen Gefäße erwecken Assoziationen an rituale Nutzung und gewinnen ihre Ausstrahlung durch die feine Ausgewogenheit von Form und Dekoration. Die sich wiederholenden linearen Muster sind von Leben und Bewegung erfüllt, leiten das Auge rund um das Gefäß und kontrastieren mit den schlichten, klassischen Formen, die er wählt.

Auch er schildert das vielen Töpferinnen und Töpfern geläufige Gefühl der Überraschung, wenn er seine Stücke auf einer Ausstellung wiedersieht; bei der Begegnung mit den von ihm in so vielen Stunden geschaffenen Werken in diesem neuen Umfeld wundert er sich fast, daß sie von ihm stammen. Er sagt dazu: „Meine besten Stücke scheinen mir dann leicht außerhalb meiner Grenzen zu liegen; zu den weniger gelungenen fühle ich mich regelrecht stärker hingezogen; und die besten Sachen kommen mir vor, als habe sie ein anderer gemacht."

Zu seinen Lehrmeistern zählt Duncan Ross unter anderem Gwyn Hanssen Pigot von der Farnham School of Art in den sechziger Jahren; sie beeinflußte ihn durch ihr ausgeprägtes Formgefühl, insbesondere das Verhältnis von Innen- und Außenprofil eines Gefäßes betreffend. Die Beschäftigung mit den Brenn- und Dekorationsmethoden, welche die Töpfer des antiken Griechenlands für ihre rot- und schwarzfiguren Vasen anwandten, hat ihn dann zwanzig Jahre später auf den von ihm beschrittenen Weg geführt. Er war dann viele Jahre lang im Lehrbereich tätig und fertigte während dieser Zeit reduktionsgebranntes Steinzeug und später Raku-Ware, die in ihm die Begeisterung für den Brand bei niedrigen Temperaturen weckte.

Ende der achtziger Jahre beschloß Duncan Ross, den Sprung in die Existenz als hauptberuflicher Töpfer zu wagen, und volontierte zunächst ein Jahr lang bei anderen Töpfern, wo er mit Glasuren und Schlickern experimentierte und seinen persönlichen Stil, seine eigene Ausdrucksweise entwickelte.Er entschied sich dafür, der Fertigung von Einzelstücken den Vorrang zu geben vor der Erzeugung von Gebrauchsgeschirr und seine Arbeitsmethoden zu vereinfachen. Indem er sich in Materialien und Ausstattung auf das unumgänglich Notwendige beschränkte, hat er dieses Ziel erreicht und eine Technik entwickelt, die es ihm erlaubt, seine Interessen an der Form und an der Dekoration unter einen Hut zu bringen.

1990 wirkten Illustrationen von Arbeiten Pierre Bayles in der *Ceramic Revue* wie ein Katalysator, um verschiedene Ideen und Überlegungen zur Arbeitsweise bei Duncan Ross zur Reife zu bringen. Er kehrte zurück zur Beschäftigung mit den Terra-sigillata-Schöpfungen der griechischen Klassik und machte eine Reihe von Experimenten, um ihrer Methodik auf die Spur zu kommen. Als er dann zu dem Ergebnis kam, daß man bei ihrer Fertigung oxidierenden Brand auf längeren stark reduzierenden Brand hatte folgen lassen, beschloß er dann allerdings, das genau umgekehrt zu machen.

Zwei polierte Irdenware-Gefäße von Duncan Ross; das oben ist 22,5 cm hoch, das auf der nebenstehenden Seite 23 cm. (Beide Fotos von Duncan Ross)

Die heute von Duncan Ross gefertigten Gefäße erfordern während sämtlicher Stadien des Formens und Brennens sorgfältige Kontrolle. Zur Verwendung gelangen Irdenware-Tone in verschiedenen Mischungen, ausgewählt nach der Plastizität beim Drehen und nach dem zwar subtilen, aber wichtigen Einfluß auf die Farbe nach dem Räuchern. Der Töpfer dreht eine Anzahl von Gefäßen auf der Scheibe und trifft dann unter den gelungensten davon eine Auswahl für die Weiterbearbeitung.

„Ich richte mein Augenmerk auf die 'organische Qualität' der Form und ausgewogene Verhältnisse zwischen Rand und Basis, Innen und Außen. Manchmal nehme ich den Rohling während des Trocknens nochmals auf die Scheibe und dehne durch erneutes Drehen den Umriß weiter aus, als das beim feuchten Ton möglich wäre. Das Drehen auf der Scheibe ist für mich außerordentlich wichtig, da es mir das Schaffen jener geschlossener, fließender Wandungen und kleiner Standflächen erlaubt, die ich haben möchte. Außen und innen poliere ich leicht."

In einem Skizzenbuch hält Ross Dekorationsideen fest und führt sie im Entwurf aus, wobei er sich oft an indischen Ikatmustern orientiert. Auf die Gefäßwände trägt er in sehr dünn übereinandergelegten Schichten einen aus Backsteinton aus Sussex hergestellten Terra-sigillata-Schlicker auf. In diesem ganz dünnen Auftrag liegt das Geheimnis der nach dem Räucherbrand erzielten fast durchscheinenden Wirkung. Die Methode des Auftrags hängt von der Gesamtidee ab, möglich ist Aufpinseln, Aufsprühen und auch Eintauchen.

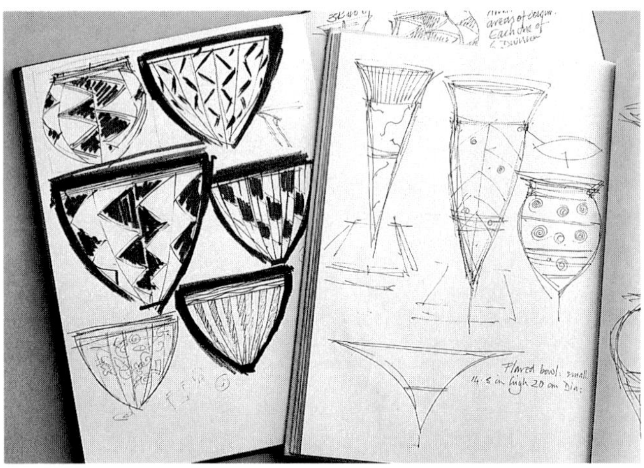

Eine Seite aus dem Skizzenbuch von Duncan Ross. (Sämtliche Fotos auf dieser und der nächsten Seite von Duncan Ross)

Die Dekoration wird unter Verwendung von Abdeckpapier, Klebestreifen und gelegentlich auch Latexabdeckung, die stufenweise mit steigender Zahl der Schlickerschichten hinzugefügt und wieder entfernt werden können, zwischen den Schichten angebracht. Die hauchdünnen Schlickerschichten erfordern extreme Sorgfalt sowohl bei der Handhabung des Gefäßes in diesem Stadium als auch beim an-

Gestaltung des oberen Randes eines Gefäßes.

Dünner Schlickerauftrag entlang abgedeckter Linien.

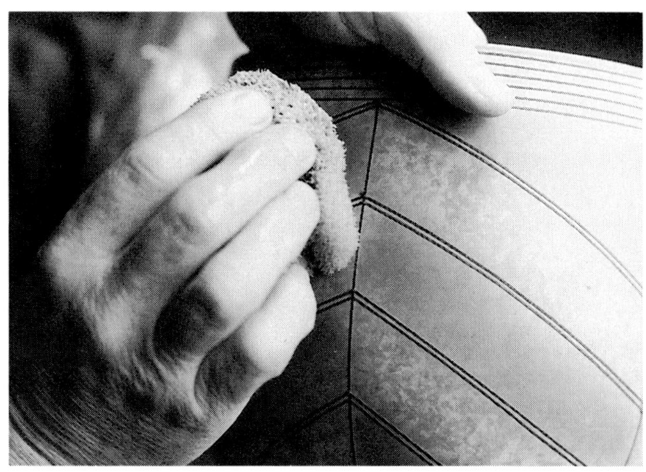

Auftrag des Terra-sigillata-Schlickers und Aufbau der Textur.

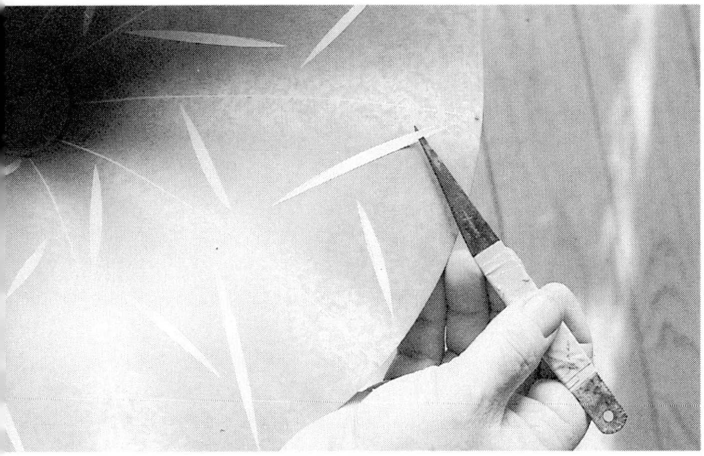

Entfernung der Blätterformen aus Abdeckpapier zwischen den Schlickerschichten.

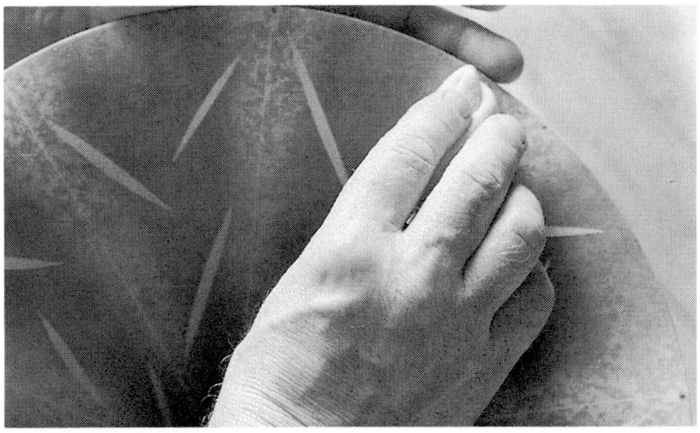

Polieren der schlickerüberzogenen Oberfläche einer schwach gewölbten Schale mit Chamoisleder.

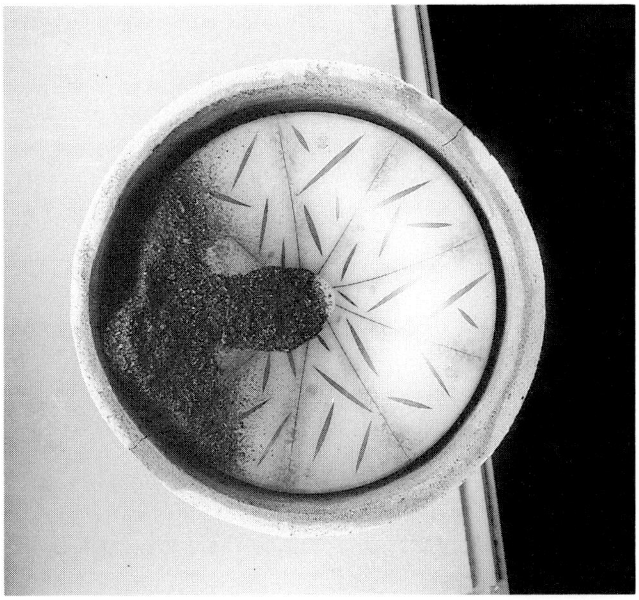

Nach dem Räucherbrand: die Schale in der Kapsel, links Aschenreste.

schließenden leichten Polieren mit einem Polyäthylenwischer oder einem Stück Chamoisleder. Nach dem langsamen Trocknen erfolgt der Schrühbrand bei bis zu 1000 Grad.

Den Räucherbrand führt Ross in seinem Lazar-Gasofen bei bis zu 700 Grad in Kapseln durch, in denen er jeweils einzeln seine Gefäße in Sägemehl und Sägespäne packt. Bei steigender Hitze verschwelen Sägemehl und -späne, und die Tera-sigillata-Oberflächen erfahren eine intensive Karbonisierung. Manche Gefäße müssen vielleicht ein weiteres Mal gebrannt werden, weil die Farben noch nicht befriedigen, bei anderen wieder wird zusätzlich ein Lüsterüberzug auf den Dekorationen eingebrannt. Nach dem Brand werden die Gefäße von Asche befreit und mit klarem Wachs überzogen.

Das Hauptprinzip der Technik von Duncan Ross beruht auf der Tatsache, daß der dünne Schlicker Rauch bzw. Kohlenstoff absorbiert und damit schwarz wird und sich die Farbabstufungen durch die unterschiedliche Stärke der Schlickerschichten ergeben. Er sagt dazu:

> „Der Räucherbrand ist ein sehr erregender und oft erleuchtender Vorgang. Erst jetzt werden die unterschiedlichen Reaktionen des Schlickers auf den Rauch und die karbonisierende Atmosphäre im Ofen erkennbar, und ein breites Spektrum von Farben wird sichtbar; manchmal dunkle und kastanienfarbene Orange- und Brauntöne, manchmal helle Gelb-, Grau- und Goldnuancen. Schwarz kann sich aufhellen bis zu Grau und gelegentlich sogar einem blassen Blau."

> Emmanuel Cooper schrieb über die Gefäße von Duncan Ross: „Die reichen und verblüffenden Oberflächeneffekte führen nicht, wie oft bei Glasuren, zu getrennter Wirkung von Gestaltung und Brand. Diese Gefäße sind an der Grenze zum Primitivismus angesiedelt und dabei von höchster Raffinesse; sie gefallen, weil sie sich der Definition entziehen; es sind Gefäße 'auf der Schneide', eine gelungene und verblüffende Mischung aus technischer Perfektion und schöpferischer Vision."

Materialangaben

Terra-sigillata-Schlicker

Ton	1,5 kg
Wasser	30 l

Ton 24 Stunden in Wasser einweichen, dann gut durchrühren; groben Ton muß man durch ein 60-Maschen-Sieb passieren.
7,5 g Natriumhexametaphosphat fein zermahlen und dem Ton zusetzen, diesen gut durchmischen und 48 Stunden setzen lassen. Das obenstehende Wasser wird abgegossen, dann muß man die oberste Schicht der Mischung abhebern; diese gibt die Terra sigillata.
Vor jedem neuen Gebrauch muß der Schlicker durchgesiebt werden, um eine gleichmäßige Konsistenz zu gewährleisten.

Polierte Irdenware-Schale von Duncan Ross, Höhe 22,5 cm. (Foto Duncan Ross)

Magdalene Odundo

Während ihrer Reisen brachte Magdalene Odundo das seltene Kunststück fertig, immer zur richtigen Zeit am richtigen Ort zu sein. Sie machte die Bekanntschaft der bedeutendsten Keramikkünstler und -künstlerinnen der Welt, darunter Ladi Kwali, Maria Martinez, Bernard Leach und Michael Cardew. Einiges von deren Zauber hat sich auf sie und ihre vielbewunderten einzigartigen und überaus charakteristischen Gefäße übertragen, von denen Susan Peterson schreibt: „Jedes dieser Gefäße hat die Grazie eines Tänzers, der in einem bestimmten Augenblick seiner Bewegung erstarrt ist, völlig ausgewogen und dennoch voller Spannung."

Die Töpferin baut von Hand kraftvoll körperliche, bauchige Gefäße mit originell geformten, mit Rippen, Schlaufen und Warzen versehenen Hälsen auf. Die Verbindung von selbstsicherer, ausgeprägter Form und höchst anziehender glänzend polierter Oberfläche verleiht ihren Stücken kraftvollen, dynamischen Ausdruck.

Magdalene Odundo, die in Nairobi/Kenia als Grafikerin tätig war, kam 1971 nach England. Sie bekam ein Stipendium für den Grundkurs am College of Arts and Technology in Cambridge. Hier entdeckte sie die Keramiksammlung des Fitzwilliam Museum und die Sammlung präkolumbianischer Gefäße im Museum für Archäologie und Anthropologie und machte dort eifrig Zeichnungen. Von Henry Hammond ermutigt, studierte sie dann drei Jahre lang Keramik am Farnham College of Art.

Während einer Studienreise nach Cornwall im ersten Jahr machte sie die Bekanntschaft von Bernard Leach und Michael Cardew. Das wiederum führte zu einem dreimonatigen Aufenthalt in der von Cardew begründeten Abuja-Töpferei in Nigeria, wo sie sich mit den dortigen Methoden des Drehens auf der Scheibe, des Handaufbaus, des Ofenbaus und des Brennens unter Anleitung von Ladi Kwali vertraut machte. Sie selbst begann mit dem Handaufbau unter dem

Poliertes Gefäß von Magdalene Odundo, 33 x 25 cm.

Polierte Gefäße von Magdalene Odundo; 44,5 x 30,5 und 43 x 29,5 cm.

Eindruck einer Reise nach Kenia in ihrem letzten Studienjahr 1975, die sie zu Forschungen für ihre Diplomarbeit über Töpferinnen unternahm. Über ihre Arbeit in dieser Zeit sagt sie: „Ich fand es zwar physisch befriedigend, große Stücke von Hand aufzubauen, aber es lag noch nichts Persönliches in dieser Tätigkeit; es war mehr eine Nachahmung. Die Gefäße überzog ich mit Hochtemperatur-Glasuren."

In den Jahren 1976–1979 war sie am Commonwealth Institute für Afrikanische Studien in London tätig und nutzte ihre Sammlung von Kunsterzeugnissen bei der Unterrichtung von Kindern. Reisen nach Südkalifornien und Neu-Mexiko verhalfen ihr zu einer vielversprechenden Begegnung mit Maria Martinez, an die sie sich wie folgt erinnert: „Ich fand ihre 'Schwarze Ware' einfach umwerfend. Dieses tiefe Schwarz war mir in Nigeria begegnet, und ich begann zu begreifen, wie weltumfassend Keramik sein kann."

Anschließend ging Magdalene Odundo ans Royal College of Art, ursprünglich, um dort den Magistergrad in Kunst zu erwerben, und befaßte sich hier mit der Erforschung von Rohmaterialien und preiswerten Brennverfahren mit dem Ziel, sich die notwendigen Kenntnisse zu erwerben, um in Kenia eine Werkstatt einzurichten nach den Prinzipien von Michael Cardews Abuja-Töpferei. Als ihre Lehrer sie davon überzeugten, daß es sinnvoll sei, diese Studien mit der eigenen Fertigung von Gefäßen zu verbinden, begann sie mit dem Polieren und mit Experimenten zur Karbonisierung und zum Kapselbrand. In die Gefäße, die sie zu ihrer Abschlußprüfung präsentierte, war dann alles eingeflossen: ihre Vertrautheit mit den von Hand aufgebauten afrikanischen Gefäßen, der Einfluß der polierten Pueblo-Töpferware und ihre Forschungen auf dem Gebiet der Niedrigtemperatur-Techniken.

Magdalene Odundo verarbeitet eine Mischung aus Mergel- und Ziegelton, der nach der Aufbereitung gemischt und durchgesiebt wird. Sie formt mit Quetsch- und Ziehtechniken ihre Gefäße von Hand, glättet sie sorgfältig mit Löffeln und Kieseln, überzieht sie mit Terra-sigillata-Schlicker und poliert sie. Das ist oft langwierig, aber sie braucht eine glatte Hochglanzoberfläche, damit die Qualität und die Ausstrahlung der Gefäße zur Geltung kommen. Nach dem Schrühbrand bei etwa 960 Grad kommen die Gefäße in eine Kapsel, die mit Sägespänen oder Holzschnipseln gefüllt und dem Räucherbrand bei 900 bis 1060 Grad unterworfen wird, je nach der gewünschten Färbung. Die Ergebnisse schwanken zwischen mattem, samtigem und metallischem Schwarz; manche Gefäße beläßt Magdalene Odundo in nur teilkarbonisiertem Zustand mit roten Tonflächen, andere bleiben durch oxidierenden Brand gänzlich rot. Dazu sagt sie: „Ich bin nicht verliebt in das Brennen – mich interessiert die Form; der Brand ist für mich etwas Zusätzliches, das die Stücke stärker betonen soll, und nicht etwas Magisches."

Mit den Quellen für ihre Inspiration geht sie wählerisch um; sie hat sich diesbezüglich mit einem Falken verglichen. Sie läßt sich anregen von organischen Formen, geographischen und geologischen Formationen sowie Gefäßen und sonstigen Kunstgegenständen aus Afrika und dem alten Europa. „Ich nehme solche Anregungen zunächst unbewußt auf, und meine Stücke beginne ich nicht mit der überheblichen Vorgabe, gleich ein Meisterwerk zu schaffen." Mag sein, daß sie das nicht voraussetzt – aber oft genug kommt es dazu.

Alison Tinker

Alison Tinkers kapselgebrannte skulpturale Gefäßformen strahlen ein Gefühl der Kraft aus, das erreicht wird durch die reichen, dramatischen Farben und Tönungen. Zum Kern ihres Schaffens äußert sie sich selbst wie folgt:

> „Ich bemühe mich, meinen Stücken den Ausdruck von ursprünglicher, spontaner Energie zu verleihen. Ich ziehe es vor, daß sie Gefühle ausdrücken statt Gedanken. Manchmal stelle ich mir vor, daß sie eine 'ritualistische' Empfindung vermitteln, wie ein bei Ausgrabungen gefundenes mittelalterliches religiöses Gefäß. Ich hätte gerne, daß sie (wie es Hannah Arendt ausdrückt) wirken, 'als ob sie nur darauf gewartet hätten, daß eines Tages ein Perlentaucher auf sie stößt und sie heraufbringt in die Welt der Lebenden'."

Die jetzt in Barcelona/Spanien lebende britische Töpferin begann an der Farnham School of Arts in den frühen achtziger Jahren zunächst mit Arbeiten auf der Töpferscheibe. Dann fing sie an, mit Niedrigbrandtechniken einschließlich des Kapselbrandes zu experimentieren. Beeinflußt wurde sie dabei von ihrem Lehrer Sebastian Blackie und dem Gastdozenten Paul Soldner.

Ihr derzeitiges Werk ist inspiriert von der Ursprünglichkeit und Ritualisiertheit japanischer Teeschalen, von den Fertigungstechniken Paul Soldners und Peter Volkous' und den Schöpfungen von Tapies und Miró. Ihre Arbeiten sind entweder von Hand aufgebaut oder auf der Scheibe gedreht und dann verändert durch Ausschneiden oder Verdrehen oder Klopfen; als Material verwendet sie weißen Steinzeugton, schamotte- und eisenhaltigen Ton oder eine Mischung aus beidem. Manche Stücke dekoriert sie mit weißem Schlicker; nach dem Schrühbrand bei bis zu 850 Grad taucht sie sie in eine gesättigte Salzlösung (oder bepinselt sie damit), und manchmal dekoriert sie sie noch zusätzlich mit Eisenoxid.

In ihrem Gasofen baut die Töpferin eine Kapsel (oder Muffel) aus Schamottesteinen auf, in die sie ihre Gefäße sowie Sägemehl, Sand vom Strand und Kaffeesatz füllt. „In diesem Stadium bemühe ich mich um eine gewisse Steuerung, indem ich zum Beispiel an manche Stellen Sägemehl streue und an andere wieder Kaffeesatz, aber nachdem das alles dann doch absinkt, weiß ich natürlich nie, inwieweit ich da tatsächlich etwas steuern kann."

Der Ofen wird dann auf 1250 Grad aufgeheizt. „Die Ergebnisse sind immer noch so gut wie hundertprozentig unvorhersehbar. Der Sand bewirkt eine pinkfarbene Tönung sowohl auf dem weißen als auch dem eisenhaltigen Körper – gelegentlich. Der Kaffeesatz scheint ein stärker nach Orange tendierendes Pink zu ergeben. Der Schlicker ändert seine Farbe je nach dem Körper darunter, und ich setze ihn eher als strukturales Element denn als färbendes ein."

In bezug auf den Brand meint Alison Tinker:

> „Ich mag im Grunde das Fehlen der Steuerbarkeit. Das führt natürlich zu einer Menge mißglückter Brände und Enttäuschungen, aber eigentlich regt mich das nicht allzusehr auf. Ich finde es erheblich erregender, in einem Haufen Asche herumzustochern in gespannter Erwartung, was ich da wohl finden werde, als den Ofen zu öffnen und dann sagen zu können: 'Ja, das ist genau das, was ich mir vorgestellt hatte.'"

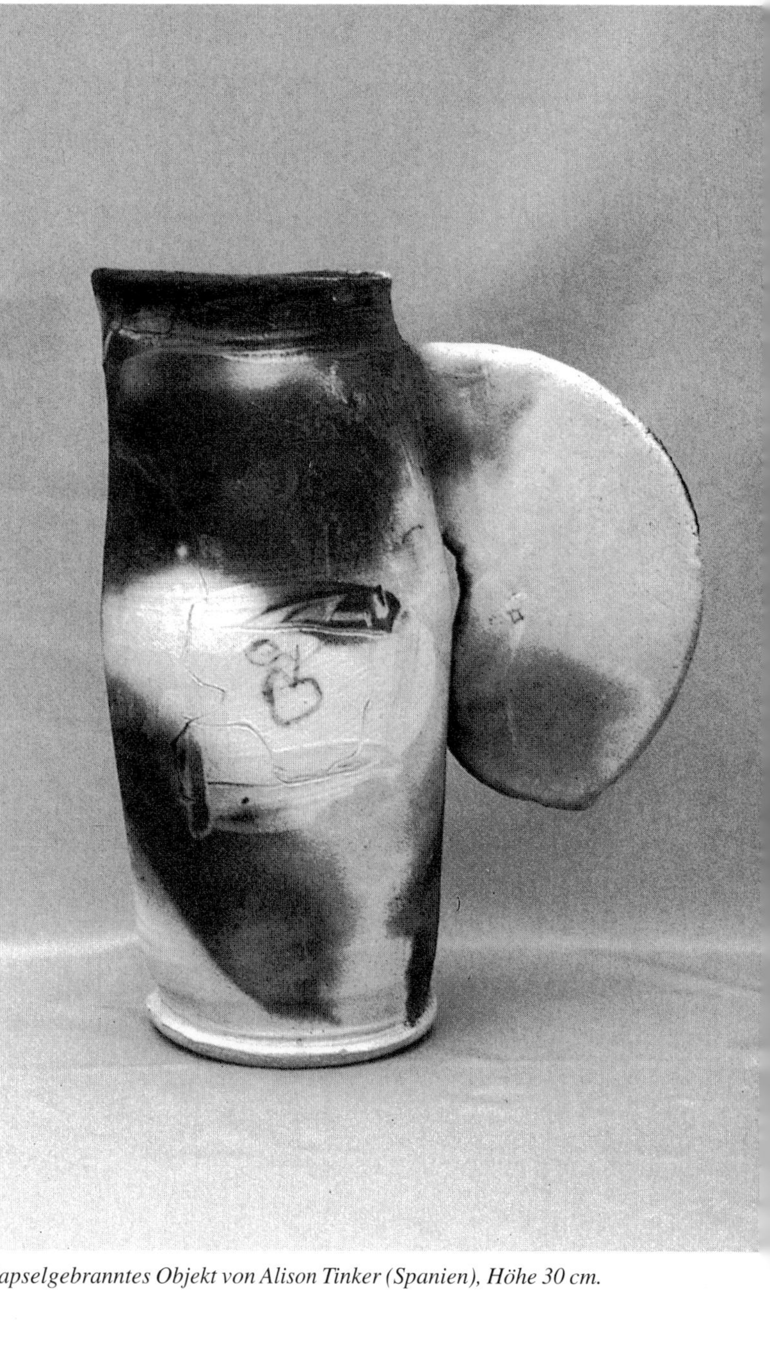

Kapselgebranntes Objekt von Alison Tinker (Spanien), Höhe 30 cm.

Ein bei niedriger Temperatur schrühgebranntes Stück wird in eine Salzlösung getaucht.
(Alle Fotos von David Ribas)

Das Gefäß wird auf eine Bettung aus Sägemehl, Sand und Kaffeesatz gelegt und dann mit Sägemehl abgedeckt.

Die Muffel wird zusammengebaut aus Schamottesteinen, die Spalten werden mit einer Mischung aus Schamotte und Ton verstrichen.

Wenn die Muffel gefüllt ist, wird sie mit einer Ofenplatte aus Schamotte abgedeckt.

Rechts: Muffelgebranntes Objekt von Alison Tinker, Höhe 26 cm.

Ann Tubbs

Die Töpferin lebt in der Gegend von Toledo und Ann Arbor in Michigan und macht sowohl skulpturale wie funktionale Stücke, wozu sie mitteilt:

„Schon seit einigen Jahren experimentiere ich inzwischen mit dem Räuchern aus Ton geformter Gebilde, hauptsächlich als weiterentwickeltem, originalem, vom Raku unabhängigen Prozeß und als alternativem Weg zur Oberflächendekoration – zur bewußten Vermeidung von Glasuren, denke ich. Schließlich gelangte ich zu weiteren Formen des Räucherns über die Methode, ein noch heißes Gefäß in verschwelendes Material zu legen, hinaus. Am liebsten mag ich den Brand in einer Kapsel, in welcher die Tonform in brennbares Material gelegt wird."

Ann Tubbs führt den Kapselbrand im Elektroofen durch.

„Henkelkorbform" von Ann Tubbs (USA), Höhe 65 cm; im Elektroofen in einer Muffel aus Schamottesteinen gebrannt.

Gill Wright

Kapselgebranntes Objekt von Gill Wright (England), Höhe 35 cm; Aufwülst-, Quetsch- und Plattentechnik, nach dem Polieren schrühgebrannt bei 1000 Grad, dann mit feinem und grobem Sägemehl in der Kapsel geräuchert bei 960 Grad. (Foto Derek Northfield)

John Leach

John Leach hat den Ansatz für seine hochgeschätzten, kapselgebrannten „Schwarzen Töpfe" mit ihren ausgeprägten weißen Zeichnungen eindrucksvoll unter Einbezug des Elements der Erregung und Unvorhersagbarkeit folgendermaßen umschrieben:

„Jeder Topf ist ein Abenteuer.
Jeder Topf ist eine Offenbarung.
Jeder Topf ist ein Bekenntnis.
Jeder Topf ist demütigend."

Neben seiner holzgebrannten Gebrauchsware hat John Leach diese schwarzen Töpfe seit 1982 entwickelt, inspiriert durch die kapselgebrannten Gefäße seines ehemaligen Studienkollegen in St.Ives, Byron Temple, der jetzt in Amerika tätig ist.

Die Formen werden zunächst auf der Scheibe gedreht und gelegentlich später verändert; das Material dafür ist das gleiche wie das für sein Gebrauchsgeschirr verwendete, nämlich eine Mischung aus Devon-Ton und „Bussard-Sand" von Leighton. Sie werden nur einmal gebrannt, und zwar in Kapseln aus Fireclay. Die Kapsel hat je ein kleines Loch oben und unten und wird etwa 1,25 cm hoch mit Eichenholz-Sägemehl gefüllt. Der Topf wird in unterschiedlichen Stellungen auf das Sägemehl gelegt: auf der Seite, auf dem Kopf, aufrechtstehend, je nachdem, wie die Konturen verlaufen sollen. Auch das dann weiter zugefügte Sägemehl wird entsprechend gewünschten Konturen eingefüllt, jeweils lockerer oder auch dichter. Leach hat festgestellt, daß dort, wo das Sägemehl lockerer gepackt ist, sich eine breitere Konturenlinie ergibt. Schließlich wird die Kapsel mit einer flachen Scheibe als Deckel geschlossen.

Schwarzer Topf von John Leach, kapselgebrannt; Höhe 24 cm.

Die weißen Streifen auf dem Topf entsprechen den Konturen des eingefüllten Sägemehls. Gelegentlich legt Leach auch zusammengerolltes Zeitungspapier rund um das Gefäß, was ebenfalls zu Variationen in den Umrissen der weißen Streifen führt.

Leach stellt die Kapseln in den kühleren Teil der zweiten Kammer seines holzbefeuerten Ofens, den er auf mindestens 1300 Grad erhitzt; die Temperatur in der Kapsel erreicht dabei etwa 1000 bis 1200 Grad. Er sagt zu seinen schwarzen Gefäßen: „Meine 'Schwarze Ware' ist reiner Luxus für mich und dient der Freude am Experiment; sie muß nicht funktional sein wie mein Gebrauchsgeschirr."

Quellen der Inspiration sind prähistorische, afrikanische und gelegentlich auch antike griechische, minoische und römische Gefäße. Nach zwanzigjähriger höchst erfolgreicher Tätigkeit mit seiner Muchelney-Töpferei fühlte Leach das Bedürfnis nach Auffrischung und Neubelebung seiner Arbeit. Er konnte es 1984 befriedigen dank eines Ruskin-Craft-Stipendiums, das ihm eine Reise nach Nigeria ermöglichte, wo er die Töpferinnen beim Formen und Brennen jener Gefäße beobachtete und fotografierte, die er schon lange bewunderte. Manches von den dabei gewonnen Eindrücken fand Eingang in seine kapselgebrannten Gefäße, von denen er sagt: „Wer weiß, eine dieser Schwarzware-Formen wird vielleicht zu einem Prototyp für die Gefäße, die ich in meinem Gebrauchsgeschirr-Katalog führe. Es hält mich jedenfalls lebendig und gegenüber den Ideen des Wandels empfänglich."

Schwarze Schale von John Leach (England), Durchmesser 19 cm; kapselgebrannt.

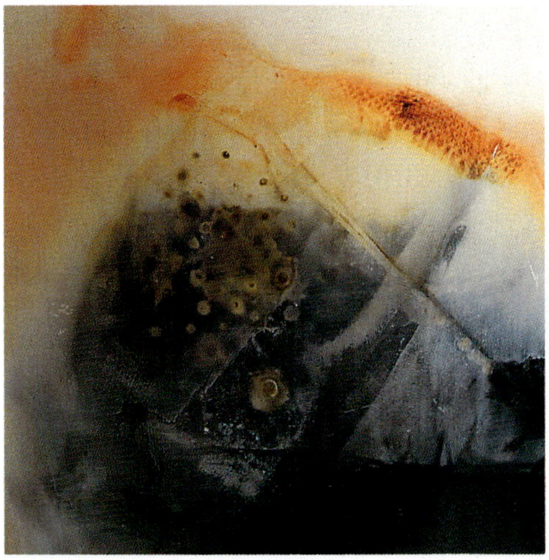

Rauchbrand im Ofen

Die im folgenden Kapitel vorgestellten Töpferinnen und Töpfer führen den Rauchbrand im Ofen durch. Munemi Yorigami und Hildegard Anstice erreichen eine totale Schwärzung dadurch, daß sie Fremdstoffe in die Brennkammer mit einschließen und diese dann hermetisch verschließen. Pierre Bayle setzt während des Brandes in seinem einfachen Holzofen seine Gefäße abwechselnd oxidierender und reduzierender Atmosphäre aus. Gerhild Tschachler-Nagy setzt ihre Gefäße mit großer Sorgfalt ein, um auf diese Weise einen gewissen Einfluß auf die Zeichnung zu gewinnen, und zur Rauchschwärzung kommt es dort, wo die Oberfläche auf einem Bett aus Sägemehl ruht. Ed Thompson schließlich brennt in einem unterirdischen „Gilgama-Ofen", der auf dem Höhepunkt des Brandes luftdicht verschlossen wird, was zu extremer Reduktion führt.

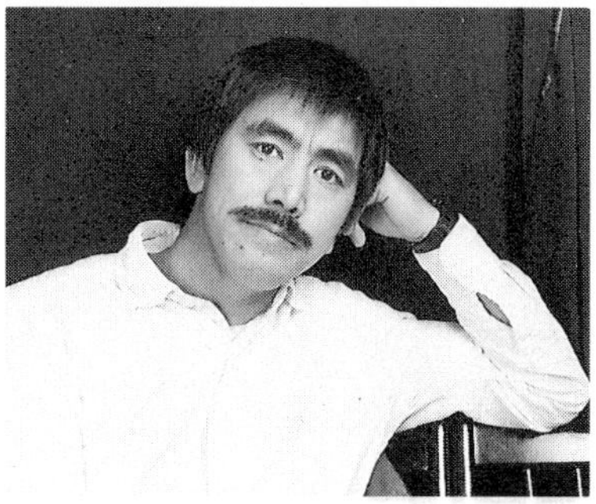

Munemi Yorigami

Der japanische Töpfer Munemi Yorigami lebt und arbeitet in Kyoto. Er fertigt Skulpturen, die im Rohzustand in Teile zerbrochen werden, die dann verschiedenen Brennverfahren unterworfen und anschließend wieder zusammengefügt werden. Dies nennt er dann „Neu-Schöpfungen" (im Englischen „Re-creations", wortspielerisch zugleich „Entspannungen"). Eines seiner Verfahren ist die komplette Brandschwärzung, deren Ergebnisse dann kontrastieren zu den durch oxidierenden Brand gewonnenen weißen Teilen und jenen mit orangefarben-braunen Tönungen aufgrund des Reduktionsbrandes. Yorigami gelangt zu dynamischen und dennoch harmonischen Bezügen von Form und Oberfläche. Die Einfachheit seiner polierten Formen mit ihren eindrucksvollen Abmessungen wird aufgewogen durch den Reichtum seiner patchworkartigen Oberflächengestaltungen.

Zum erstenmal sah ich eines seiner Stücke auf einer Abbildung in der *Ceramic Revue* im Jahre 1984, und es beeindruckte mich sehr. Bei diesen ersten Experimenten drückte er vor dem Räucherbrand winzige Tonstückchen in die Oberflächen seiner Werke, die dann bei der Karbonisierung als Abdeckung dienten. Nachdem sie entfernt worden waren, hinterließen sie weiße Stellen, die für dramatische Kontraste sorgten.

Die Grundidee im neueren Schaffen Yorigamis ist die philosophische Vorstellung der Vereinigung gegensätzlicher Kräfte zu einem „Ganzen". Das drückt sich auch schon darin aus, daß er Elemente des Gelenkten und des Zufälligen miteinander verbindet. Es gibt ja in der Keramik zwei Bereiche der Ungewißheit und Verletzlichkeit: das eine ist das nie auszuschließende Risiko des Bruches, und das andere die Unsicherheit beim Brennen. Von beiden Prozessen ist die Konzeption von Yorigamis Werk geprägt. Die meisten Töpfer verbringen ihr Leben damit, Fertigkeiten und Techniken zu entwickeln, um die Probleme des Zerspringens und Brechens zu meistern, Yorigami dagegen glaubt, daß er durch das Zerbrechen seiner Formen erst das wahre Wesen, „Herz und Seele" des Tons zum Ausdruck bringen kann.

Er betont die Unvorhersehbarkeit beim Brand noch dadurch, daß er in drei unterschiedlichen Atmosphären brennt. Er steigert damit die Chancen auf unerwartete Resultate, er steigert bewußt den Risikoanteil, und er rechnet mit der Unvermeidbarkeit der unterschiedlichen Schrumpfungsquoten. Er macht uns mit einer Herausforderung vertraut, er hebt jene Elemente der Keramik hervor, die außerhalb der Kontrolle liegen, und er stellt sie in einen neuen Zusammenhang.

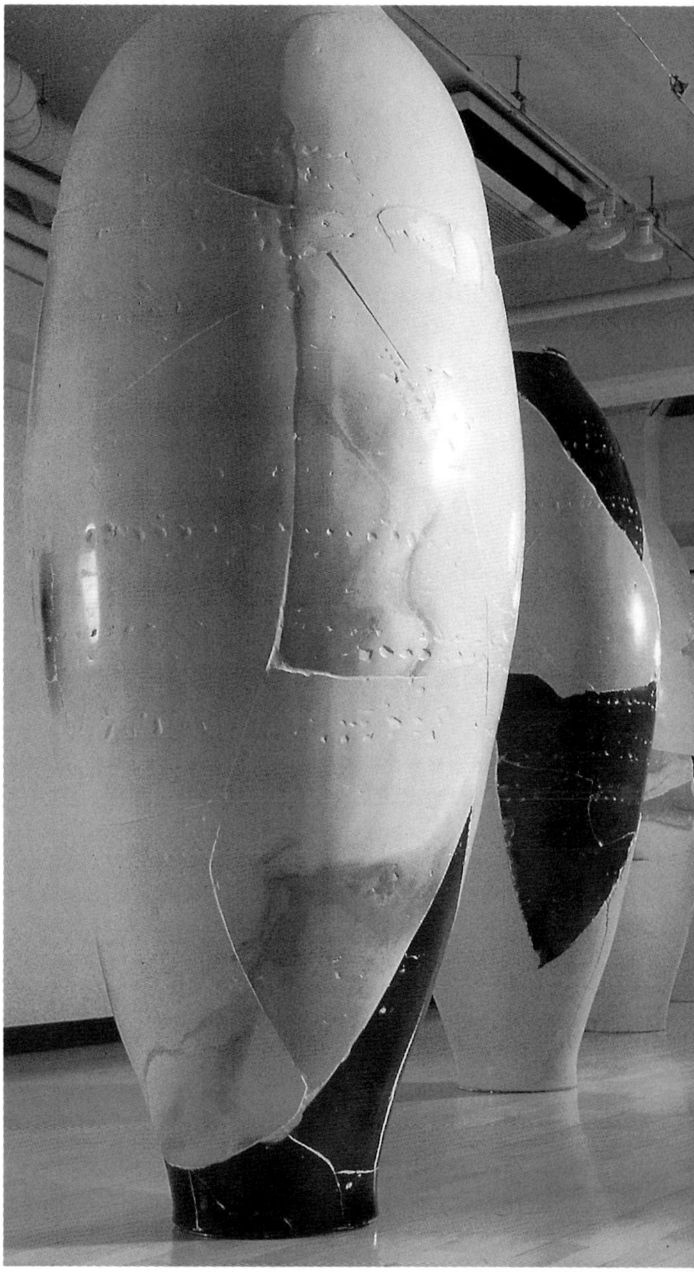

„Recreation" von Munemi Yorigami, 478 x 190 cm; aufgewülstet und dann zerbrochen, drei verschiedenen Brennatmosphären ausgesetzt, unter Ausfüllung der Spalten neu zusammengesetzt. (Foto Taku Saeki)

Yorigami wuchs in Kyoto als Sohn eines Töpfers auf und studierte zunächst Landschaftsgärtnerei und Landwirtschaft. Dann ließ er sich an einer Gewerbefachschule zum Töpfer ausbilden und machte die Bekanntschaft des inzwischen verstorbenen Kazuo Yagi, der großen Einfluß auf seine persönliche und Schaffensentwicklung gewann. Yagi hatte Ende der vierziger Jahre die berühmte „Sodeisha-Gruppe" begründet, deren Mitglied Munemi Yorigami heute ist. Diese Gruppe stand zunächst für avantgardistische Ideen außerhalb der gewachsenen japanischen Traditionen und wurde später repräsentativ für die japanische Keramikskulptur.

Seit dem Zweiten Weltkrieg erfuhr der Rauchbrand oder *kokuto* eine Wiederbelebung in Japan und wurde dort fester Bestandteil der skulpturellen Gestaltung. Yagi, der den Räucherbrand im wesentlichen als Oberflächentechnik empfand und sehr viel Wert auf die Polierung legte, war berühmt für seine Arbeiten auf diesem Gebiet.

Yorigami verwendet einen sehr feinen Ton zur Unterstützung der hochglanzpolierten Oberflächen, die ihm wichtig sind. Seine Stücke formt er mit den Methoden des Aufwülstens, Abformens und Plattenaufbaus von Hand. Im lederharten Stadium werden die Oberflächen durch Schaben und Beschnitzen nachbearbeitet, vor dem Polieren mit einem Kieselstein werden sie mit einem Schwamm leicht befeuchtet.

Der Aufbau der teils über zwei Meter hohen Stücke erfolgt von einem inneren Mittelpunkt aus. Ein von der Decke hängendes Seil bildet die Mittelachse, um die herum von der Basis her ringförmig die Formen aufgebaut werden.

Die Objekte werden dann auf die Seite gelegt und von innen her mit einem Holzhammer zerschlagen. Ihr Schöpfer setzt darauf, daß der Bruch natürlichen Linien folgt, aber wenn einige Teile noch zu groß sind, werden sie nochmals zerschlagen.

Die Bruchstücke werden dann drei verschiedenen Brennverfahren unterworfen: einem Räucherbrand, einem Schrühbrand und einem Reduktionsbrand mit Vermikulit (siehe dazu Seite 84). Alle Brände werden bei 900 Grad durchgeführt, um schwerwiegende Unterschiede beim Schwund zu vermeiden.

Beim Räucherbrand wird die Temperatur von 900 Grad auf 600 Grad abgesenkt, ehe das die Reduktion bewirkende Material, nasse Kiefernnadeln, eingeführt wird; dann wird die Brennkammer bis zur völligen Abkühlung hermetisch verschlossen. Der Wassergehalt der Nadeln verdampft im Ofen, erhöht dadurch den Druck und preßt den Kohlenstoff tief in die Oberfläche des Tons. Um das zu erreichen, muß man sehr auf einen wirklich luftdichten Verschluß des Ofens achten.

Die gebrannten Teile werden dann mit Klebstoff wieder aneinandergefügt. Die Spalten werden mit Gips verfugt, wobei Yorigani den Charakter des Zerbrochenen noch ausdrücklich betont.

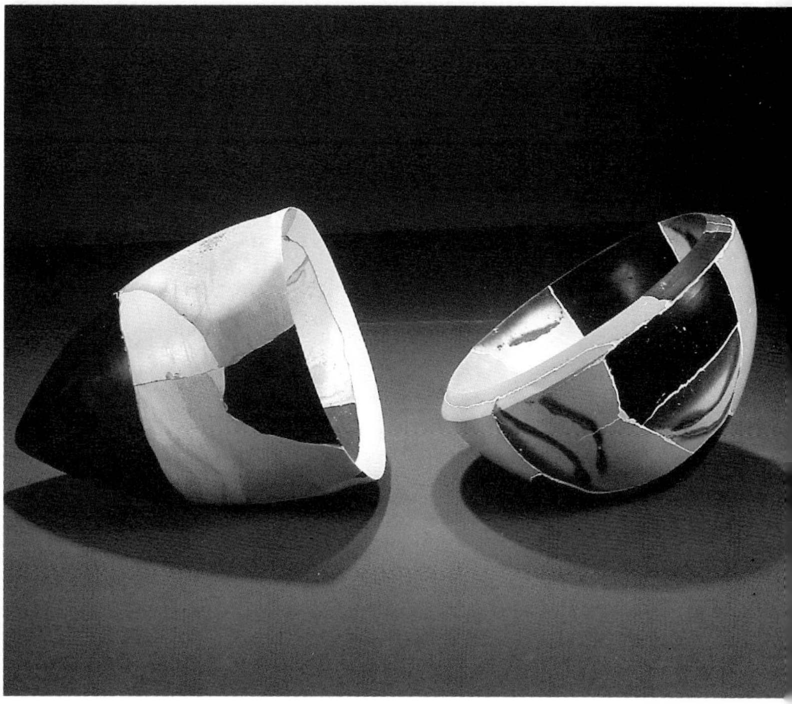

„Recreation" von Munemi Yorigami, 59 x 70 und 65 x 45 cm. (Foto K. Sugimoto)

Objekt von Munemi Yorigami, 50 x 47 x 12 cm; die weißen Flecken ergaben sich dadurch, daß aufgesetzte kleine Tonstückchen während des Räucherbrandes die Karbonisierung verhinderten.

Pierre Bayle

Der international bekannte französische Töpfer erhielt schon viele Preise und Auszeichnungen; seine Gefäße orientieren sich unmittelbar an den klassischen griechischen Vorbildern. In neuerer Zeit hat er Skulpturenmotive entwickelt, bei denen er sich inspirieren ließ von Naturkleinformen in seiner unmittelbaren Umgebung – Insekten, Blättern, Oliven. Die Oberflächen seiner Stücke zeichnen sich aus durch prächtig polierte erdfarbene Terra-sigillata-Töne mit durch Karbonisierung erzeugten dunklen, craquelierten Musterungen.

Das Grundthema von Pierre Bayles Schaffen läßt sich auf einen einfachen Nenner bringen: das Streben nach Schönheit.

„Das Streben nach Schönheit bleibt mein beständiges Ziel. Ich fühle eine innere Gewißheit, daß ich sie erkennen und entdecken kann. Jedoch stelle ich mir natürlich auch immer wieder die Frage nach ihrer wahren Natur. Für mich selbst weiß ich natürlich genau, wie Schönheit beschaffen sein sollte, und ich bin bemüht, sie zu bewahren; aber ich kann natürlich nicht für jeden sprechen. Schönheit ist wie eine Sprache, welche die meisten Menschen zwar erfassen können, deren völliges Verständnis aber doch oft recht schwierig ist."

Pierre Bayle lebt in Südfrankreich im Narbonnais nahe seinem Geburtsort bei Beziers. Er bewohnt ein steinernes Bauernhaus inmitten von Weinbergen, Oliven- und Mandelbäumen, das von hohen Kiefern beschattet wird. Diese mediterrane Landschaft mit ihrer sonnenverbrannten Erde, durchdrungen von griechischer und römischer Zivilisation, prägt sein Schaffen mit der Vorliebe für die Verwendung von Terra sigillata und klassische Keramikformen.

Seine Tätigkeit als Töpfer begann prosaisch mit der Herstellung von Blumentöpfen in einem Fabrikationsbetrieb und der späteren Produktion großer Rokoko-Lampenschirme in Paris, die in exklusiven Läden verkauft wurden. Bald sehnte er sich nach der Rückkehr in das heimatliche Südfrankreich, um sich dort eine eigene Werkstatt einzurichten. Er erinnert sich daran, wie seine wirtschaftliche Situation zu dieser Zeit sich auf die Wahl seiner Arbeitsweise auswirkte:

„Es ist im Rückblick interessant, festzustellen, wie die Entwicklung, die jemand nimmt, bestimmt wird von den Zwängen seiner persönlichen Umstände. Wenn man kein Geld hat, erledigt sich die Frage nach dem Kauf eines Ofens von selbst; Brennen im Hochtemperaturbereich scheidet damit aus, und außerdem muß man mit unaufbereitetem Ton arbeiten, der einen hohen Eisenanteil hat. Wenn man also mit seiner Frau und ein paar Habseligkeiten irgendwo ankommt – und das kann sich in Europa genausogut abspielen wie in Afrika – , fängt man mit nichts an, abgesehen von Ton und Wasser. Und dann muß man irgendwie brennen, egal womit; in Mexiko machen sie das schließlich mit Kuhfladen..."

Pierre Bayle baute sich einen Ofen aus den Ziegelsteinen eines alten Backofens und machte sich an die Aufgabe, sich seinen Lebensunterhalt zu verdienen. Seine humorvollen anthropomorphen (also mit menschlichen Zügen ausgestatteten) Gefäße fanden Anklang bei den Touristen, aber nachdem er dann einmal von deren Produktion völlig in Anspruch genommen war, wurde ihm bewußt, daß er eine Richtung brauchte. Zu dieser Zeit stellten die meisten anderen Töpfer Steinzeug her, aber er fühlte sich nie angezogen von den „schmutziggrauen" Farben oder von der „Kälte" der Glasuren. Ihn beeindruckten weit mehr die Stücke, die er in Museen sah: Gefäße mit bescheidenem Erscheinungsbild, die jedoch den Anspruch erheben durften, Kunstwerke zu sein. „Es drängte mich danach, der Perfektion dieser Formen nahezukommen, die mich so stark bewegte."

Zu dieser Zeit konnte er schon interessante Ergebnisse verbuchen, doch sie entsprachen noch nicht dem, was er eigentlich wollte. Indem er den Ton wechselte, Terra sigillata verwendete und mit Bränden experimentierte, begann sein Schaffen lebendig zu werden und allmählich den persönlichen Ausdruck zu gewinnen, nach dem er strebte.

Pierre Bayle geht an seine Werke mit dem Auge des Bildhauers heran und achtet beständig auf Reinheit der Formen

Rechts: „Erigone à Ecailles" von Pierre Bayle, 45 x 25 cm.

und Perfektion der Linien. Über die Entwicklung seiner Formen äußert er sich selbst wie folgt:

„Vor ein paar Jahren beschäftigte ich mich fast eineinhalb Jahre lang mit dem Thema der Säule. Auf die Spitze wollte ich irgendeine Form stellen, irgendwas. Aber das klappte nicht, absolut überhaupt nicht! Was herauskam, war einfach nicht gut; nichts davon habe ich gebrannt, ich habe alles weggeworfen. Eines schönen Tages kam mir die Idee, schlichtweg einen Deckel auf die Säule zu setzen. Damit wurde sie zu einem Gefäß, und das war eine Rückkehr zu meiner Authentizität, zu meiner eigenen Geschichte. Denn vor allem anderen bin ich zunächst einmal Töpfer."

Diese Säulen wurden nun für Bayle zu einer fruchtbaren Quelle der Inspiration, spontan sprudelten die Ideen, und eine Form entwickelte sich aus der anderen.

„Ich empfand das Bedürfnis, meine Säulen mit einer Horizontalen abzuschließen, und meine Formen entwickelten sich entsprechend weiter; dann wandte ich mich der Gestaltung des Kapitells zu. Eine Zeitlang war mir die Säule selbst wichtiger als die Form obendrauf. Daran kann ich leicht die Chronologie meines Schaffens verfolgen, zumal ich zunächst einmal alles in Entwurfsheften festhalte. Der nächste Schritt war, einen Abschluß für diesen Prozeß zu finden; und so wurde die Säule ganz einfach zum Fuß. Ich denke mir, daß Hans Coper in der gleichen Weise vorging."

Bayle gab seinen Schöpfungen Namen mit klassischem Bezug, wie etwa „Skyphos", „Alabaster", „Kantharos", „Kannelierung" oder „Palladium"; andere bezeichnete er sogar als „Hans Copers".

„Olive" von Pierre Bayle, 30 x 37 cm.

Pierre Bayle läßt sich stark von natürlichen Formen beinflussen. Er verbringt viele Stunden mit Spaziergängen in der Umgebung um sein Haus und läßt sich dabei auch auf alle viere nieder, um Insekten zu beobachten und genau zu studieren; diese Eindrücke setzt er dann unmittelbar in sein Werk um.

„Ich beobachte gerne die Wespen, die sich beim Bau ihrer Behausungen als große Handwerker erweisen. Rund um das Haus kenne ich jedes Vogelnest, und direkt vor meiner Haustür kann ich Kiefernzapfen auflesen. Irgendwann nimmt eine Idee Gestalt an; ich kehre nach Hause zurück und übertrage die Formen von Kiefernzapfenschuppen auf ein Gefäß. Ich halte ständig Ausschau nach Motiven, die sich verwenden lassen – wie zum Beispiel stilisierte Weinranken. Oft ist der Bezug sehr unmittelbar, wie etwa bei den Schalen, die ich in der Form von Käferdeckflügeln geformt habe. Auch die vollkommene Symmetrie schwarzer Oliven habe ich nachgestaltet.
Ich muß zugeben, daß mich Langeweile überkommt, wenn das Leben zu technisch, zu kalt, zu berechnet wird und sich das in bestimmten Formen der Keramik mancher Hersteller ausdrückt. Der geistige Aspekt wird vergessen, wird verdrängt vom Übergewicht der Technik. Um wirklich interessante Dinge zu schaffen, muß auch das Leben eines Künstlers eine Art von Kunstwerk sein."

Bayle formt seine Gefäße aus weißem Fayence-Irdenwareton und überzieht sie dann mit Terra-sigillata-Schlicker aus rotem Eisenton. Natriumkarbonat in hohem Anteil dient als Flußmittel für die Engobe und trägt außerdem zur Geschlossenheit des Craquelémusters bei. Der Ofen ist eine kleine, einfache Konstruktion aus Backsteinen und Lehm und wird mit Holz befeuert. Der erste (oxidierende) Brand findet bei etwa 1000 Grad statt, der zweite (reduzierende) bei 400 bis 500 Grad.

Während des zweiten Brandes dringt der Kohlenstoff in jene Bereiche der Engobe ein, bei denen während des ersten Brandes keine Verglasung stattgefunden hat. Die Kombination von oxidierendem und reduzierendem Brand, die Art und Weise der Stapelung der Gefäße und der natürliche Eisenanteil wirken zusammen zur Erzielung der wunderbaren Färbung in Jettschwarz, Grau, Rot, Pink, Gelb, Ocker, Gold und allem, was dazwischen liegt.

Vor Bayles Haus kündet eine aus ausgesonderten und zertrümmerten Gefäßen aufgebaute Mauer von seinem hohen Qualitätsanspruch. „Ich verkaufe niemals ein Gefäß, das mir selbst nicht gefällt. Es kann vorkommen, daß ich es einem Nachbarn schenke, der vorbeikommt und mir sagt, er brauche eines; verkaufen aber würde ich es ihm nie. Da zerbreche ich es lieber so klein wie möglich."

Pierre Bayle ist ein Mann, wie man ihn selten findet: er setzt seine weisen Einsichten auch in die Tat um. Trotz der vielen Auszeichnungen, die er inzwischen erhalten hat, kehrt er alljährlich für zehn Tage in eine kleine alte Töpferwerkstatt zurück und arbeitet dort. „Ich entdecke dort einige meiner alten Fähigkeiten wieder, indem ich als einfacher Arbeiter an der Töpferscheibe sitze. Ich mache dort mächtige Blumenkübel und große Ölkrüge – fünfundzwanzig Kilo Ton...Ich bemühe mich, sie schön zu machen, und ich sage Ihnen: Das tut einem gut."

Bayles Terra-sigillata-Rezeptur

Aus 1 kg rotem Eisenton gewinnt er nur 7 g Schlicker; etwa 7 ‰ Natriumkarbonat setzt er als Flußmittel zu.

Pierre Bayles mit Backsteinen und Lehm erbauter und etwas in den Boden versenkter Ofen erinnert an einen Backofen; zum Beschicken muß sich Bayle in eine Vertiefung stellen. Neben Holz finden auch Wurzeln, Sägemehl und Kiefernnadeln als Brennstoff Verwendung.

Stützmauer aus weggeworfenen und zerbrochenen Gefäßen an Pierre Bayles Haus.

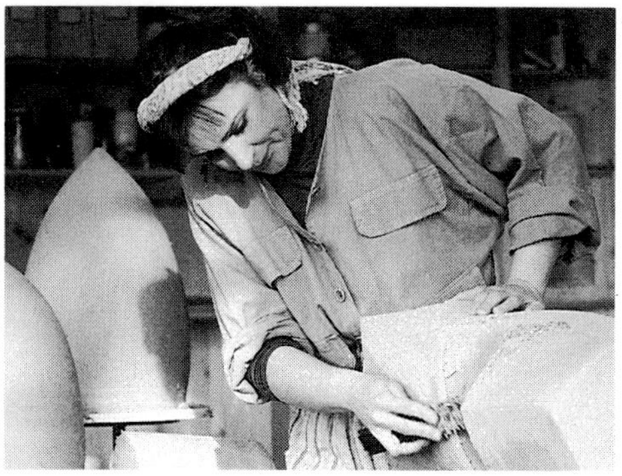

Gerhild Tschachler-Nagy

Gerhild Tschachler-Nagy ist vorwiegend auf dem Gebiet des Salzbrandes bei niedriger Temperatur tätig, wobei sie holzbefeuerte Öfen benutzt, die sie selber baut. Zu ihrem Schaffen zählen sowohl schlichte Gefäßformen als auch sogenannte „Installationen“ und themenorientierte Boots- und Turm-Formen mit symbolischen Inhalten. Sie selbst schreibt zu ihrem Werk:

> „Ich halte inzwischen das fertige Stück für insgesamt weniger wichtig als den Entstehungsprozeß selbst. Während ich daran arbeite, entwickelt sich ein Dialog zwischen dem Werk und mir in meiner gegenwärtigen Situation. Das bedeutet vielleicht, daß in einem gewissen Sinn mein Werk in hohem Maße autobiographisch ist. Wenn ich Kontraste sehe, werde ich dadurch angetrieben; wenn ich Kontraste begreife, kann ich sie zum Ausdruck bringen; wenn ich Kontraste akzeptiere, kann ich sie überwinden.“

Frau Tschachler-Nagy baut Öfen und brennt darin, seit sie Mitte der achtziger Jahre eine Reise an die Westküste der USA unternahm und dabei von der Begegnung mit „primitiver“ Töpferei und Niedrigtemperatur-Brenntechniken inspiriert wurde. Vorher hatte sie hauptsächlich nach der Raku-Methode gearbeitet, und sie hatte Ausschau gehalten nach einem langsameren, sozusagen meditativen Verfahren, bei dem die lebendigen Flammen zum integralen Bestandteil des fertigen Stückes werden könnten. „Am stärksten faszinierte mich der Brand in einem ‘Anagama-Ofen’, der gemeinsam von Tom Coleman, Nils Lon und Frank Boyden betrieben wurde. Als ich beim Befeuern dieses riesigen Ofens helfen durfte, wußte ich sofort, daß auch ich in Zukunft mit Holz brennen würde.“

Sie kehrte nach Österreich zurück und beschäftigte sich mit der Umsetzung dieser Vorstellungen, was zugleich die Anpassung an Umweltschutzvorschriften einschloß. Gestützt auf die neuen Erfahrungen mit dem „Anagama-Ofen“, ihre eigenen Kenntnisse der primitiven Brenntechniken und die Planungen von Hal Riegger in den sechziger Jahren konnte sie mit dem Bau eigener Öfen beginnen. „Obwohl ich das Feuer als Dekorationselement nutzen wollte, wollte ich doch auch meine Keramiken hinausführen über die Ästhetik primitiver Töpferarbeiten, die hauptsächlich auf der Zufälligkeit der beim Räuchern erzeugten Zeichnungen beruhte.“

Den ersten holzbefeuerten Ofen, den sie baute, nannte sie in ironischer Anspielung auf die Vermarktung von Mozart „Amadeus“; weitere Entwürfe folgten, darunter ein „Tipi-“, ein „Augen-“, ein „Schlangen-“ und ein „Kletter-Ofen“. Sie alle funktionierten gut, erbrachten Temperaturen von über 1000 Grad und ermöglichten interessante Schattierungen und Farbabstufungen. Gerhild Tschachler-Nagy hat gelernt, daß es zur Erreichung guter Resultate einer großen Aufmerksamkeit für die jeweilige Situation innerhalb des Ofens bedarf. „Nur wenn man ein ausgeprägtes Empfinden für das Feuer entwickelt, kann man in der geeigneten Weise darauf reagieren oder darauf Einfluß nehmen.“ Sie erreicht das durch sorgfältige Temperatursteuerung (gewöhnlich nicht mehr als 950 Grad) und sehr gezieltes Einsetzen der Gefäße. Ein Brand dauert gewöhnlich um die acht Stunden.

Die Gefäße werden aus feinem weißem Steinzeugton auf der Scheibe gedreht und dann poliert. Die Skulpturen dagegen werden aus schwererem, grobkörnigerem Steinzeugton in Plattentechnik aufgebaut und gelegentlich mit Ball-clay-Schlicker überzogen, der zu einer glatteren Oberfläche führt, die dann oft mit feinen Craqueluren aufgelockert wird.

Die Färbung der Oberflächen werden bewirkt durch die Aufbringung von Salzdämpfen in unterschiedlichen Verfahren. Manche Stücke werden in salzgetränktes Stroh gewickelt, andere in Lumpen, die man in eine Lösung von Metallsalzen getaucht hat. Kupfer- und Eisenoxide werden oft in Form von Lavierungen aufgetragen, manche Stücke werden mit Metalldrähten umwickelt. Stellenweise Reduktion wird bewirkt, indem man die Stücke auf Sägemehl bettet. Die Entdeckung, daß ein engeres Aufstapeln im Ofen zu lebhafteren Tönungen führt, brachte die Erfahrung mit sich.

Der Bau von Öfen war von starkem Einfluß auf die Formen, die Frau Tschachler-Nagy macht. Sie sind einfacher geworden, um gleichsam als „Leinwand“ für das Feuer die-

Gegenüber: Gefäß von Gerhild Tschachler-Nagy, Höhe 70 cm. (Foto Wolfgang Reichmann)

nen zu können. Gefäße dienten zur Erprobung der geeignetsten Umrißformen, und auf diese greift die Künstlerin bei der Gestaltung ihrer symbolischen Objekte zu den Themen „Turm“ und „Boot“ zurück, wobei „den einen eine natürliche statische Energie innewohnt, den anderen als Gegenstücken dazu eine dynamische.“ Dazu schreibt die Künstlerin weiter:

„Der Turm wird zum Symbol für die vielen Widersprüchlichkeiten des menschlichen Daseins: Eingesperrt sein einerseits, sich in sich selbst zurückzuziehen andererseits; Bedürfnis nach Kommunikation gleichermaßen wie Zerstörungswut. Der Turm steht auch für die Verbindung zwischen Vergangenheit und Zukunft; er ist historisch beladen mit der Vorstellung, daß sich in seinen Rissen, Spalten und Sprüngen ständig etwas abspielt, daß die Dinge auseinanderbrechen. Ich habe viele meiner Türme als Kultbehälter mit dem Ziel geschaffen, die Verbindung zur Vergangenheit nicht abreißen zu lassen. Es geht dabei darum, Schlüssel oder Codewörter zu einer Art von geheimer Botschaft zu finden; Codewörter machen neugierig. Der Turm soll etwas darstellen, was sich nicht in Form einer einfachen Gleichung lösen läßt, ein magisches Geheinmnis aus der Welt der Symbole.
In der Gestalt des Bootes habe ich ein anderes Medium gefunden, um das Thema der ideebestimmten Form zu gestalten. Wie der Turm fordert auch das Boot dazu heraus, seine architektonischen, kultischen und ikonographischen Eigenschaften zu erforschen. Aber hier ist eine Dynamik vorhanden, die dem Turm fehlt. Ich habe diese Dynamik bis zur Aggressivität dadurch betont, daß ich Gefäße geschaffen habe, deren Form extrem schlank und wie ein Bogen ist.“

Mit dieser Thematik befassen sich auch die „Installationen“, bei denen auch andere Materialien wie Eisen oder Tierhäute Verwendung finden.

„Oft kann ich nicht mehr genau sagen, für wen ich eigentlich arbeite – am Ende vermutlich für mich selbst. Denn da ist immer ein innerer Antrieb zur Arbeit. Außerdem ist mir das fertige Werk weniger wichtig als seine Fertigung selbst, der Schaffensprozeß als solcher. Den möchte ich vervollkommnen, nicht nur (wenn selbstverständlich auch) im technischen Sinne; vor allem möchte ich offen bleiben für neue Erfahrungen. Das hat – bei aller Hochschätzung meiner Mentoren und Lehrer wie Dennis Parks, Frank Boyden, Nils Lon oder meiner Begegnungen mit dem Werk von Bennet Bean oder Maria Martinez – nichts zu tun mit der Verfolgung eines Trends oder der Ausrichtung auf einen Markt oder dem Anschluß an bestimmte Schulen. Ihnen allen habe ich zu danken für die Vermittlung neuer Wege und neuer Methoden, aber ich möchte ihnen nicht folgen. Wenn ich eines gelernt habe, ist es das: Wirklich wichtig ist es, seinen eigenen Weg zu finden.“

Die polierten Stücke werden mit Stoff oder Metallstreifen oder Klebeband umwickelt.

Umhüllung der Gefäße mit salzgetränktem Stroh.

Der Bau von Öfen (vgl. S. 95/96)

„Für den Ofenbau verwende ich gewöhnlich schweren, körnigen Ton, den ich von einer Ziegelei in der Gegend beziehe. Zugunsten höherer Stabilität und Porösität wird der Ton dann mit Stroh vermengt und gut durchgeknetet.

Phase 1

Vor dem Aufbau des Ofens richte ich eine etwa 8 bis 13 cm hohe Aufschüttung her, die als Schutz vor Grundwasser dienen soll und in die ich die Umrisse der Ofenbasis einzeichne. Nach dem Aufbringen der ersten Tonschicht muß man die Bögen für die Feuerbüchsen machen. Frisch geschnittene Weidenzweige eignen sich dafür gleich gut wie als Verstärkung für die Tonwandungen; durch ihren Einsatz geht der Aufbau der Wände ohne die üblichen Probleme beim Aufbauen mit Ton vor sich.

Phase 2

Zwischen Feuerbüchse und Brennkammer wird ein Eisenrost eingeschoben. Ich nehme gewöhnlich immer Eisenroste, die ich billig bei Schrotthändlern erwerbe. Die Roste ruhen auf zwei Backsteinen, die gleichzeitig der Flammenlenkung dienen, nachdem der Ofen entzündet wurde.

Phase 3

Nun folgt die Fertigstellung der Seitenwände. Wenn das geschehen ist, muß man erst einmal für Trocknung sorgen, wozu man etwa einen Tag lang ein leichtes Kleinholzfeuer unterhalten muß. Wenn sich dabei Risse zeigen, muß man sie ausfüllen und verstreichen. Dann ist der Ofen schon bereit für die erste Füllung. Wenn sich herausstellen sollte, daß er nicht groß genug ist, um die zum Brand vorgesehenen Stücke aufzunehmen, kann er ohne weiteres durch einen kuppelartigen Aufbau aus alten Backsteinen erhöht werden, wobei der Schlußstein gleichzeitig als Zugregler dienen kann. Wenn der Brand beendet ist, üblicherweise nach sechs bis acht Stunden, verschließe ich alle Öffnungen (die der Feuerbüchsen ebenso wie die oben) und lasse auskühlen."

Ein Eisenrost wird auf die Backsteine gelegt, welche die Basis bilden.

Als Gerüst für den Ton werden Weidenzweige zusammengebunden.

Der „Tipi-Ofen" muß von oben beschickt werden, wenn sein „Bauch" erst einmal voll ist.

Die Ofenwände werden aus Ton geformt.

Installation von Gerhild Tschachler-Nagy, 220 x 150 x 8 cm. (Foto Wolfgang Reichmann)

Der Ofen wird entzündet.

Nach dem Brand.

Oben: „Boot“ von Gerhild Tschachler-Nagy, 75 x 55 x 10 cm.
(Foto Wolfgang Reichmann)

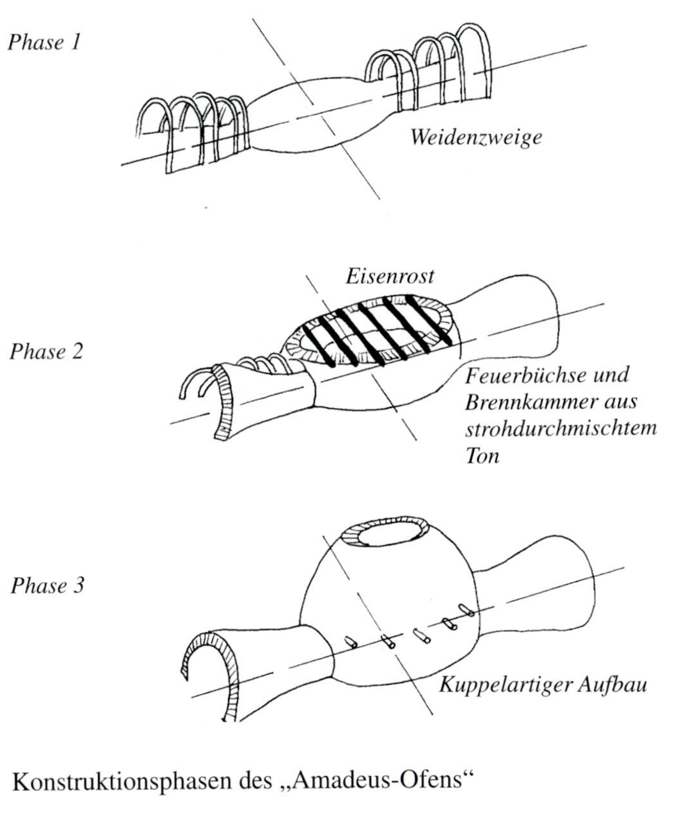

Konstruktionsphasen des „Amadeus-Ofens“

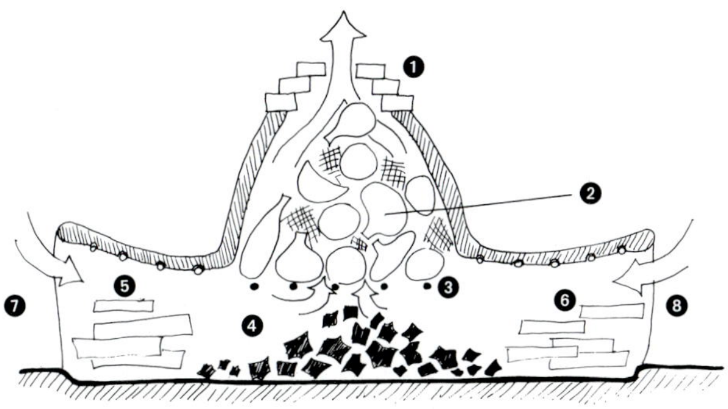

1 Backsteine; 2 Brenngut mit Stroh dazwischen; 3 Eisenrost; 4 Schwelfeuer; 5 + 6 Holz; 7 + 8 Feuerbüchse

Schnitt durch den „Amadeus-Ofen“ mit seinen zwei Feuerbüchsen.

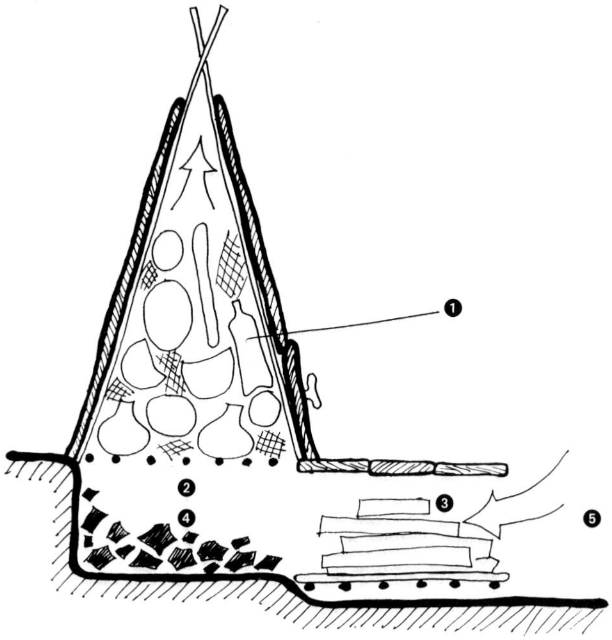

Schnitt durch den „Tipi-Ofen"

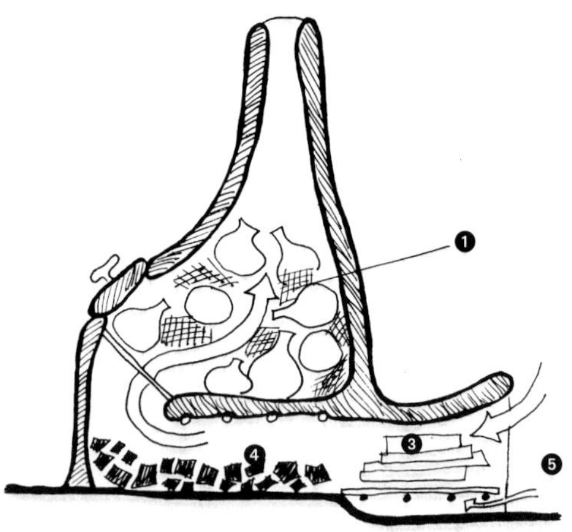

Schnitt durch den „Kletter-Ofen"

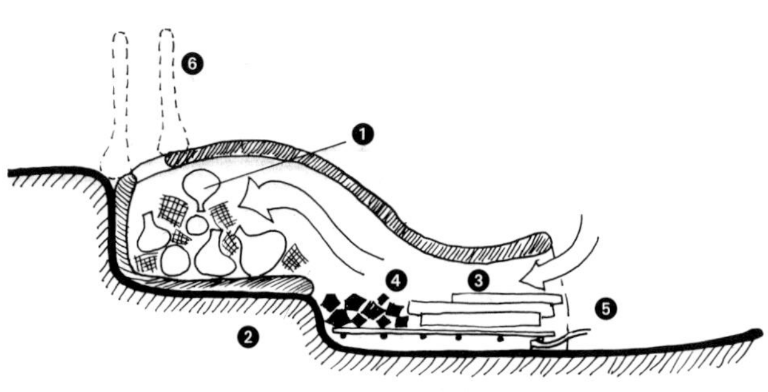

Schnitt durch den „Augen-Ofen"

1 Brenngut mit Stroh dazwischen; 2 Eisenrost; 3 Holz; 4 Schwelfeuer; 5 Feuerbüchse; 6 Kamine

Ed Thompson

Ed Thompson lebt und arbeitet in Portland im US-Bundesstaat Oregon; dort brennt er seine Gefäße in einem unterirdischen Ofen, den ihm koreanische Töpfer bauten, die ihn besuchten. Über seine Arbeit teilt er mit:

„Ich fertige meine Gefäße aus Steinzeug- oder Terrakottaton auf der Drehscheibe. Auf die Außenseite trage ich dann die Umrisse der gewünschten Gestaltung auf, die ich dann mit Hammer und Stößel sozusagen in Repoussiertechnik herausarbeite. Zur Verhinderung von Schäden dient dabei ein mit Vermikulit gefüllter Plastikbeutel im Inneren des Gefäßes.

Nach der groben Ausformung der Oberflächengestaltung durchläuft das Gefäß einige Stadien der Nachbearbeitung. Zunächst glätte ich mit einem Schaber die Kurven und verleihe den Kanten Profil. Dann poliere ich die Oberfläche leicht, um eventuelle Unebenheiten zu beseitigen; die für diese Arbeit aufgewendete Zeit ist entscheidend für die spätere Qualität eines Stückes, und je höher der Zeitaufwand ist, desto höher ist auch sie. Bei dieser Gelegenheit sorge ich vielleicht schon für einen gewissen Glanz.

Schließlich überziehe ich das Gefäß mit Terra-sigillata-Schlicker. Ich trage ihn auf das knochentrockene Gefäß mit dem Pinsel immer nur auf kleinere Teilflächen auf und poliere ihn während des Trocknens mit einem kleinen Plastikstück. Das Ergebnis ist ein schimmernder Glanz.

Gebrannt werden meine Gefäße in einem sogenannten 'Gilgama-Ofen', den mir koreanische Töpfer anläßlich eines Keramik-Treffens hier in Portland im Jahre 1988 gebaut haben. Er erinnert an einen japanischen 'Anagama-Ofen' – er ist unterirdisch und ansteigend angelegt und hat an der einen Seite zwei Feuerzugöffnungen und an der anderen Feuerloch und Türe. Er hat ein Innenvolumen von etwa 5,5–7 cbm, und seine Beschickung und Feuerung ist meist eine Gemeinschaftsaufgabe.

Im Gegensatz zum 'Anagama-Ofen' wird in unserem Ofen, wie das vorgesehen ist, bei niedrigen Temperaturen gebrannt; sie liegen, je nach dem entsprechenden Platz im Ofen, zwischen 830 und 1120 Grad. Als Brennmaterial benutzen wir ausrangierte Transportpaletten, Abfallholz und gelegentlich auch Reste aus Hausabbrüchen – tatsächlich alles aus Holz, was irgendwie brennt. Das Befeuern geht ziemlich gemächlich vor sich, mit niedriger Hitze am Anfang (viele Gefäße, darunter die meinigen, werden grün eingesetzt); erst nach zwölf Stunden kann man den Flammen am Zug ansehen, daß es jetzt 'richtig läuft'. Zu diesem Zeitpunkt wirft man soviel Brennmaterial wie irgend möglich in das Feuer und mauert das Feuerloch mit Ziegelsteinen zu, die dann dick mit Tonschlempe zugestrichen werden, um auch alle Spalten zu verschließen. Auch die Feuerzugöffnungen werden jetzt geschlossen und entsprechend abgedichtet. Das Ergebnis ist eine extreme Reduktion während der drei Tage, die bis zur Auskühlung vergehen.

Wenn der Ofen geöffnet wird, hat sich das verbliebene Holz in Holzkohle verwandelt, und die Gefäße sind dick mit Ruß bedeckt. Die meisten Leute erwarten sich von dieser Art des Brennens einen silbriggrauen Effekt auf dem unbehandelten Ton. Ich bin mit den Ergebnissen bei der Verwendung von Terra-sigillata-Schlickern sehr zufrieden, denn es kommt bei Schlicker aus rotem Ton zu tiefschwarzem metallischem Lüsterglanz und (bei ausreichend hoher Temperatur) bei Ball-clay-Schlicker zu einem Weiß, das der Rauchfärbung widersteht. Jede Kerbe, jeder Kratzer im weißen Schlicker wird dagegen schwarz, was zu unerwarteten Wirkungen führen kann. Mit irgendwelchen gezielten Zeichnungen oder Tönungen der Oberflächen habe ich bisher noch nicht gearbeitet, aber ich habe die Absicht dazu.

Gefäß von Ed Thompson (USA), in einem „Gilgama-Ofen" koreanischer Bauart gebrannt; Höhe 30 cm.

Hildegard Anstice

Schwarzbrand

Hier die Beschreibung eines von Hildegard Anstice aus Killcare im australischen Bundesstaat New South Wales gebauten Lehmofens; sie benutzt ihn, um darin unter Verwendung von Zucker und Sägespänen als Reduktionsmaterial Schwarze Ware zu brennen.

Hildegard und ihr Mann bauten sich ihr Haus mit Ziegelsteinen, die aus Lehm auf ihrem eigenen Land gewonnen wurden; aus übriggebliebenen Ziegelsteinen wurde dann ein Brennofen errichtet. Sie selbst berichtet:

„Die Ziegelsteine haben wir selbst gemacht; man mußte dazu die lehmige Erde mit Wasser und etwas Stroh vermischen und dann in einen hölzernen Rahmen füllen. Entscheidend war dabei die Konsistenz dieser Mischung, denn sie mußte dick genug sein, um den Rahmen gleich wieder zu entfernen, ohne daß der Ziegelstein seine Form verlor. Unser Boden hier besteht zumeist aus Sand und hat einen Tonanteil von nur 17 % neben 5 % Eisen und Ocker. Wenn die Ziegelsteine durchgetrocknet sind, kann man sie aufmauern. Für den Mörtel verwenden wir übrigens die gleiche Erde.

Dieser Ofen ist ein Steigluftofen, und der Kamin läßt sich leicht mit einer Ofenplatte abdecken; ich brenne sogar 'Arabische Lüsterware' darin. Mit seinen Abdichtungsmöglichkeiten ist es zwar nicht weit her, aber dafür kann ich ihn zu absoluter Rotglut innerhalb von etwa vier Stunden bringen."

Zunächst wird ein kleineres Feuer mit kurzen, dicken Holzstücken genährt. Wenn die Gefäße grün sind, muß man sorgfältig darauf achten, daß die Hitze nicht zu rasch ansteigt. Im weiteren Verlauf wird die Glut dann hinten zusammengeschoben und die gesamte Feuerbüchse unter der Ofenplatte, die sie von der Brennkammer darüber trennt, mit langen, dünnen Holzstücken gefüllt. Bald schlagen Flammen aus dem kurzen Kamin. Ist zwischen 700 und 800 Grad Rotglut erreicht, wird der Kamin geschlossen, und die Feuerbüchse wird vollständig mit Sägemehl und Zucker gefüllt; an Zucker sind gewöhnlich drei Kilo erforderlich. Nun wird die Feuerbüchse verschlossen; ein Kübel mit Lehm steht schon bereit, und wo immer sich ein Rauchwölkchen zeigt, wird der Spalt schnell mit Lehm überstrichen. Die Brennkammer bleibt bis zum nächsten Tag zum Auskühlen geschlossen.

„Die Schwarzfärbung, die man erreichen möchte, läßt sich durchaus beeinflussen. Dabei spielt die Beschaffenheit des Tons eine wichtige Rolle, denn manche Tone nehmen den Kohlenstoff besser auf als andere. Die kräftig polierten Gefäße kommen immer am besten heraus. Der Zucker sollte nie unmittelbar in Berührung mit den Gefäßen kommen, denn er hinterläßt krustige schwarze Flecken darauf; wir haben das festgestellt, als wir einmal den Zucker durch den Kamin einfüllten."

Von Hildegard Anstice (Australien) aus luftgetrockneten Ziegelsteinen und Lehm gebauter Ofen zum Brennen schwarzer Gefäße.

Räuchern nach dem Raku-Brand

Die nachfolgend vorgestellten Töpferinnen und Töpfer führen das Räuchern durch, nachdem sie das glühendheiße Gefäß aus einem Raku-Ofen genommen haben. Im Gegensatz zum Raku-Verfahren finden Glasuren keine Verwendung (ausgenommen bei David Roberts, der sie zur Abdeckung benutzt). Anne James unterwirft ihre Stücke einem Lüsterbrand, ehe sie sie in verschiedenen Techniken, die auch den Einsatz von Sägemehl einschließen, räuchert. Jerry Caplan erreicht den Räuchereffekt, indem er seine Werke auf Zeitungspapier legt und dann mit einem Metalldeckel verschließt. David Roberts schließlich legt seine Gefäße in eine mit Sägemehl gefüllte Tonne, die er dann hermetisch abdichtet, was zu einer intensiv räuchernden Atmosphäre im Inneren führt.

Anne James

„Ich bewundere die Arbeiten von Leuten, denen man ansieht, daß sie mit einem großen Maß an Freizügigkeit entstanden – die Verbindung von Disziplin und Freizügigkeit ist etwas Wunderbares. Ich strebe noch immer danach und bin mir nicht sicher, ob ich den Mut habe, in der Freizügigkeit weit genug zu gehen, um mich weit genug von der Disziplin zu entfernen." Die Meisterin auf ihrem Gebiet (die das zu sein bescheiden bestreitet) beweist genau diese Kombination von Freizügigkeit und Disziplin in ihren polierten Porzellantellern, -schalen und - flaschen von erlesener Qualität. Deren überzeugende Formen verbinden sich mit prächtigen, durchscheinenden, teppichartigen Musterungen, die durch wiederholte Lüster- und Räucherbrände erzielt werden.

Die Künsterlin wuchs in Dublin auf und erwarb ihr Diplom in Keramik- und Textilgestaltung in Belfast in den frühen sechziger Jahren. Das Farbempfinden und das Kunstinteresse der Mutter und die tischlerischen Fertigkeiten des Vaters verhalfen ihr von Hause aus zur Vertrautheit mit Farben und Herstellungsverfahren. Die Erinnerungen an die Kindheit in Irland sind sehr lebendig in ihr. „Es war wunderschön, dort zu leben, und die Ferien in Donegal und Connemara haben sich mir tief eingeprägt; Orte mit Sand, Wasser und blauem Himmel üben eine starke emotionale Anziehungskraft auf mich aus, die ich kaum erklären kann." Ihre Liebe zu Gärten und zum Gärtnern entwickelte sich früh; schon als Zehnjährige legte sie sich einen kleinen Garten an und sparte zu Geburtstagen geschenktes Geld zusammen, um Steinpflanzen zu kaufen. Heute wirken die sorgfältig gepflegten Beete und Anlagen des Gartens um ihre Werkstatt wie eine Erweiterung der Gestaltungen, die sie drinnen ihren Gefäßen und Schalen verleiht.

Nach ihrem Studium als Kunsterzieherin in London unterrichtete Anne James einige Jahre lang und lernte dann ihren Mann kennen, mit dem gemeinsam sie nach Gloucestershire zog, wo sie sich 1967 ihre erste Werkstatt einrichtete. Einige Jahre lang fertigte sie Gebrauchsgeschirr und entdeckte dann das Porzellan für sich, zu dem sie sofort eine unmittelbare Beziehung fand. Dieser Wechsel des Materials führte sie weg von funktionaler Ware und hin zu kleinen, von organischen Formen bestimmten Stücken, die zunächst auf der Scheibe gedreht und dann geklopft und gequetscht wurden. Ein zweiter Wendepunkt war für sie der Besuch des Südwalisischen Töpfertreffens 1983, wo David Roberts seine Raku-Techniken vorführte, was sie zur Abkehr von hohen Brenntemperaturen veranlaßte. Darüber hinaus gab ihr eine Ausstellung von Sutton Taylors Lüstergefäßen den Anstoß zu Experimenten mit geräucherter, lüsterglasierter Raku-Ware, die sie sowohl einer Ofen- wie einer Sägemehlräucherung unterzog.

Der zufällige Besuch einer Ausstellung von indischen Textilien 1986 hatte ebenfalls erheblichen Einfluß und gab den Anlaß zu intensiver Beschäftigung mit Textilien als Inspiration zu Motiven der Oberflächengestaltung ihrer Stücke. Sie machte sich Skizzen und Anmerkungen zu Holzdrucken und Textilien aus Japan, an denen sie vor allem den „Schichteneffekt" bei zeremoniellen Kleidungsstücken schätzte, bei denen der Brokatstoff überlagert wird von Farbaufdrucken und Stickerei. Ihre Formen wiederum haben sich weiterentwickelt von den ursprünglichen organischen Umrissen und von der Prägung durch dem Drehen folgendes Klopfen und Quetschen. Mehr und mehr kommt es nun zu Gestaltungen mit Hälsen, inspiriert von traditionell bestimmten Gefäßen aus Afrika und frühen hettitischen Gefäßen, die sie auf einer kürzlichen Reise in die Türkei kennenlernte und bei einem Besuch

Die Skizzenbücher von Anne James.

im Pitt-Rivers-Museum in Oxford. Ann James sagt dazu: „Diese Gefäße, die wir so lange anmaßend 'primitiv' genannt haben, sind alles andere als das; wir hatten da doch wohl eine falsche und überhebliche Einstellung zu den Dingen, besonders im Hinblick auf glasiert und unglasiert, nur weil die Glasierung rein technisch einen höheren Standard hatte."

Die Künstlerin arbeitet mit David-Leach-Porzellanton, dem sie 8–10 % Calbrite zusetzt; aus der Mischung formt sie dann auf einen Schwung zehn bis zwölf Gefäße auf der Scheibe. Sie werden abgedreht und von Hand durch Klopfen nachgeformt; bei Flaschen mit rechteckiger Basis wird der Boden abgeschnitten und durch eine Tonscheibe mit entsprechendem Umriß ersetzt. Schlicker aus dem durchgesiebten Material des Körpers, mit Oxiden und gegebenfalls anderen Färbstoffen gemischt, werden dünn aufgesprüht in Streifen, Bändern oder Flecken. Sorgfältiges Glätten und Polieren unter Vermeidung von Löffelspuren sorgt für eine glatte, seidige Oberfläche. Schrühbrand bei 1000 Grad ist erforderlich, um die notwendige Festigkeit des Körpers zu erreichen, führt jedoch zu einem gewissen Verlust des Politurglanzes. Für den Auftrag der Lüsterschichten werden unterschiedliche Methoden angewandt. Dazu gehört das unmittelbare Aufmalen, das Bedrucken mit zu einfachen Formen zurechtgeschnittenen Schwämmen und die Verwendung von spezieller Abdeckflüssigkeit. Am Schluß liegen verschiedene Lüsterschichten übereinander, mit unbehandelten Schlickerflächen dzwischen. Gelegentlich wendet die Künstlerin auch eine Marmorierungstechnik ähnlich der zur Marmorierung von Papier an.

Die Gefäße werden dann einem zweiten Brand bei 800 Grad unterzogen und, wie bei der Raku-Technik, heiß aus dem Ofen genommen. Ein offener Metallkasten mit niedrigen Seitenwänden, gefüllt mit Sägemehl, steht zur Aufnahme der Gefäße bereit. Schalen werden so ins Sägemehl gedrückt, daß ihre Unterseite völlig schwarz wird. Dann wird ein wenig Sägemehl auch in die Innenwölbung gestreut, bis der gewünschte Effekt erreicht ist. Das rechtzeitige Herausnehmen ist ganz entscheidend, denn zu intensives Räuchern kann zu einem Verlust der zarten Zeichnungen führen, an denen der Künstlerin so sehr gelegen ist. Das Gefäß wird dann in Wasser abgelöscht und im Küchenherd getrocknet, ehe sie darüber entscheiden kann, ob ein weiterer Räucherprozeß erforderlich ist; die meisten Stücke werden fünf- bis sechsmal der Räucherung unterzogen. Aufrechtstehende Formen erfordern eine etwas andere Methode; abgesehen vom Aufstreuen von Sägemehl werden die Gefäße darin gewälzt, nachdem vorher eine Zinnfolie unterlegt wurde. Der Aufbau der Lüsterfarben während dieses wiederholten Räucherns und ihr Auftrag mit dem Schwamm bewirkt ein regelrechtes Spiel des Lichts auf den Oberflächen, das sie wechselweise verändert. Durch Drehen und Neigen des Gefäßes scheinen die verschiedenen Muster aufzutauchen und wieder zu verschwinden und bringen Transparenz und Bewegung mit ein.

Anne James beschreibt, wie das Element des Rauches den Ausdruck ihrer Gefäße steigert:

„Wenn ich die Gefäße, die ich geräuchert habe, mit jenen vergleiche, bei denen das nicht geschah, dann kommen mir die

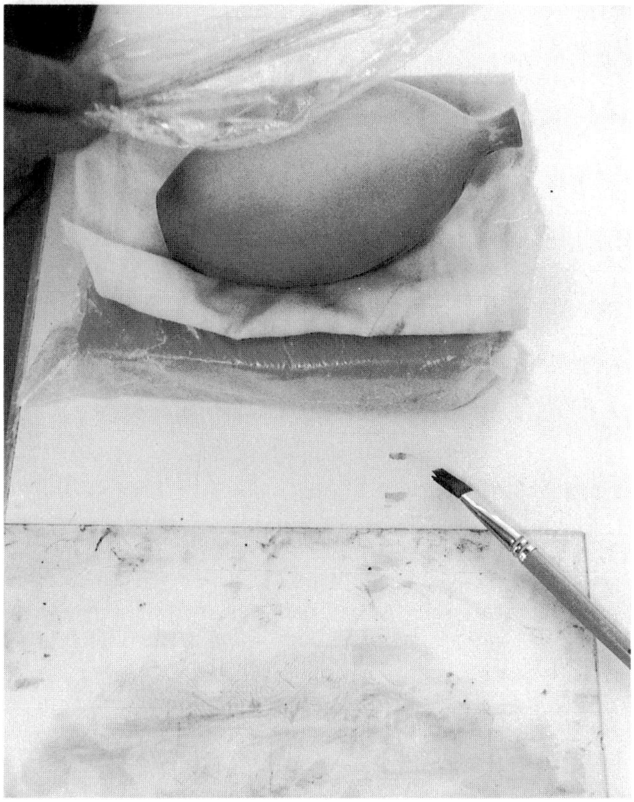

Der Lüsterauftrag mit Übertragungsfolie bewirkt eine gesprenkelte Struktur.

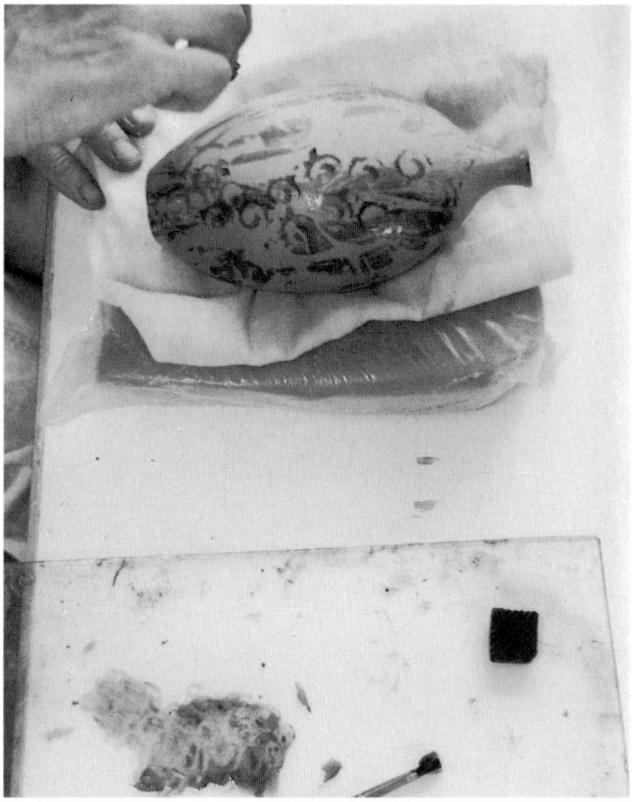

Lüsterauftrag mit Schwammstücken.

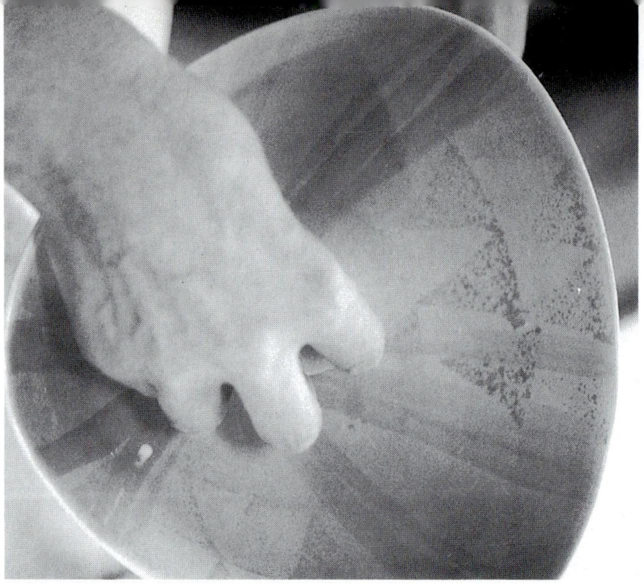

ersteren regelrecht grob und unsensibel vor. Der Rauch scheint die ganze Oberfläche zu verändern; er zieht all die darunterliegenden Elemente zusammen und vereinigt sie. Er ändert die Farben und macht sie weicher, selbst in jenen Bereichen, die nur ganz behutsam geräuchert wurden. Das funktioniert freilich nicht immer, aber das, was ich erreichen möchte, ist Struktur mit einer Musterung. Mir geht es nicht um Gefäße mit einer Botschaft; mir sind die Umrisse wichtig und die taktilen Oberflächen und wohl auch die Musterungen. Die verschiedenen Lüsterschichten und der Rauch darüber führen, wie ich immer hoffe, zu einem geheimnisvollen Effekt. Ohne den Rauch wären das immer nur recht simple Stücke mit einem geometrischen Muster auf farbigem Hintergrund. Dadurch, daß es zu Auflösungen und zu Lücken kommt, werden die Oberflächen völlig verwandelt."

Oben: Direktauftrag von Lüster am Rand.
Oben rechts: Latexauftrag zur Abdeckung bestimmter Zonen.

Geräucherte Lüsterflaschen von Anne James, Höhe 14,5 und 17 cm.

Oben: Geräucherte Lüstergefäße von Anne James, Höhe 11 und 19 cm.

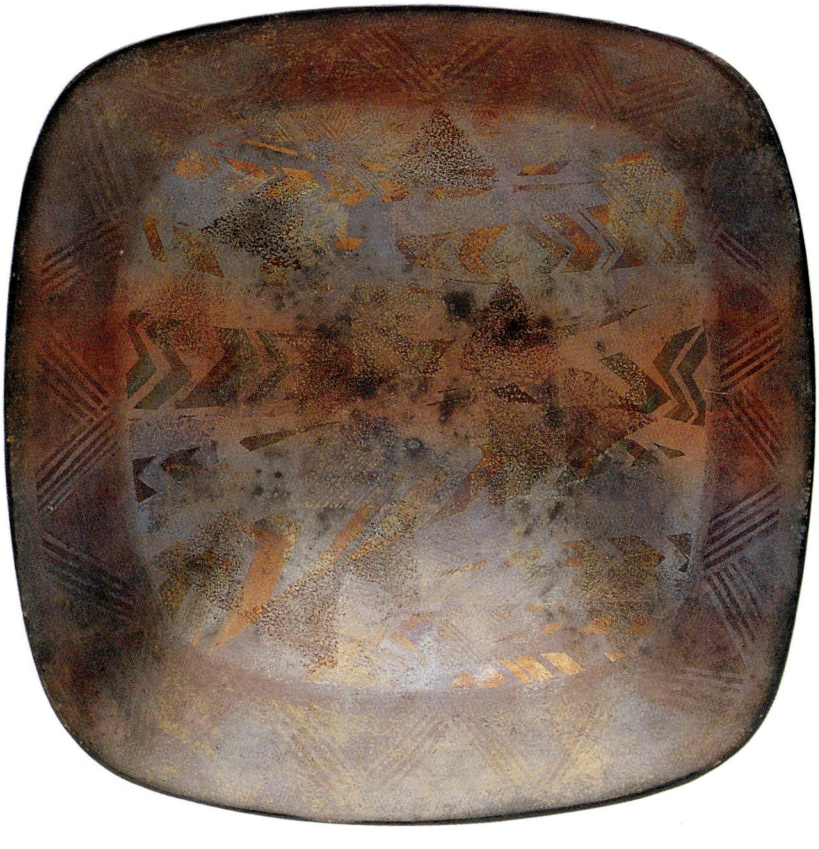

Links: Geräucherte Lüsterplatte von Anne James, Breite 24 cm.
(Alle Fotos auf den Seiten 100–104 von Fran Evelegh)

Das Gefäß wird aus dem Lüsterbrandofen entnommen; im Vordergrund das auf eine Zinnfolie gestreute Sägemehl, in dem das Gefäß gewälzt wird.

Das Gefäß wurde im Sägemehl gerollt; dieses hat sich dabei entzündet.

Das Gefäß wird zunächst mit dem Boden ins Sägemehl gestellt.

Das Ablöschen mit Wasser.

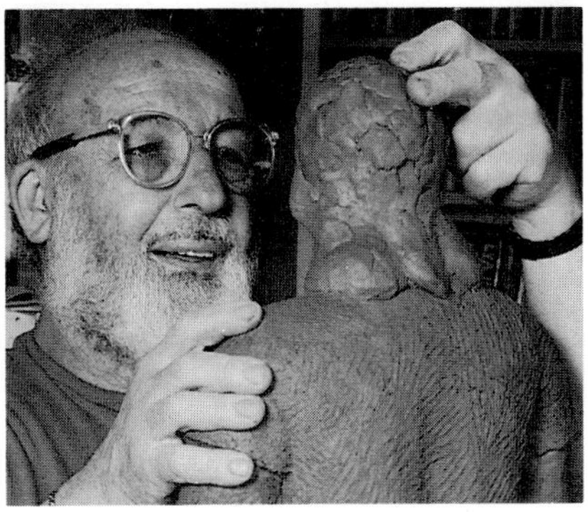

Jerry Caplan

„Viele Jahre des Experimentierens haben mich gelehrt, daß die besten Entdeckungen die sind, die einem 'zustoßen'. Die Erforschung der Möglichkeiten ist ein Akt der Kreativität. Erfindung und Kreativität spielen eine große Rolle in meiner täglichen Arbeit." Mit diesen Worten faßt Jerry Caplan seine Philosophie und Lebenseinstellung zusammen. Es war sehr beeindruckend, ihm 1992 beim „Northern Potters Camp" bei der Vorführung seiner Methode des „rauchfreien Raku" zuzusehen. Seine „Brennkammer" war ein einfacher Pappkarton, und als Brennmaterial reichten ihm zwei Bogen Zeitungspapier, mit denen er ausreichend Rauch für die Karbonisierung erzeugte. Der Rauch wurde so gut wie vollständig vom Gefäß aufgenommen, statt sich in der Luft zu verflüchtigen. Caplan zeigte uns ein Dia von einem besonders gelungenen Stück und meinte dazu: „Das würde ich als kleines Wunder bezeichnen; es ist ein Geschenk des Rauches an mich."

Jerry Caplan hat sein ganzes Leben in Pittsburgh verbracht und immer hier gearbeitet. Seine Eltern, russische Einwanderer, ermutigten ihn, sich der bildenden Kunst zuzuwenden, nachdem sie den Eindruck gewonnen hatten, daß Musik wohl nicht das richtige für ihn sei – seine Übungen auf der Violine hatte er nämlich auf der Coach liegend gemacht. Gute dreißig Jahre lang hat er am Chatham College Skulptur und Keramik gelehrt und sich aus diesem Amt kürzlich in den Ruhestand verabschiedet. Neben Skulpturen schafft er auch Platten und Schalen mit figürlichem und Landschaften darstellendem Bilderschmuck, der oft an farbige Glasfenster erinnert. Caplan nennt die von ihm dabei angewandte Methode des Motivauftrags „Reduktions-Schablonieren".

Einflüsse von Miró, Henry Moore und Matisse sind unverkennbar, vor allem in den Aktdarstellungen. Aber auch Fotos in Zeitungen und Zeitschriften werden als Vorlage benutzt. Caplan äußert zum Inhaltlichen seines Werkes:

„Soweit es um Botschaften geht, bringe ich mit den Figuren die unwandelbare Vielfalt des Themas 'Figur' und deren Schönheit zum Ausdruck. Oft schweife ich jedoch ab zu düstereren Themen wie dem weiblichen Kampf gegen Ungleichheit. Ich habe eine ganze Reihe von Skizzenbüchern, die ich aber eigentlich nur dann zur Hand nehme, wenn es mir sozusagen um die 'Konstruktion' einer Idee geht, um die Entwicklung einer Bildkomposition und die allgemeine Richtung, die eine solche Idee nehmen kann. Meist zeichne ich ganz spontan drauflos, und oft entstehen dabei großenteils schwache Zeichnungen – aber eine oder zwei sind doch meist darunter, die wahre Schmuckstücke sind und den ganzen Aufwand lohnen."

In der dem Töpfern gewidmeten Beilage des *Artist Newsletter* schildert Caplan seine Techniken und deren Entwicklungsgang:

„Dieses 'Reduktions-Schablonieren' kann als Ableger der japanischen Raku-Technik betrachtet werden, wo das Brenngut heiß aus dem Ofen genommen und in brennbares Material gelegt wird, das sich entzündet und damit den Raucheffekt bewirkt. Bei meiner Methode wird jedoch keine Glasur verwendet, sondern sozusagen eine 'Ton-Schablone', und die Ergebnisse wirken wie Zeichnungen oder Entwürfe, die man auf die samtige Oberfläche einer Schale aufgetragen hat.
Eigentlich entdeckt habe ich das Verfahren schon vor ziemlich langer Zeit, als ich einmal eine falsch etikettierte Hochtemperatur-Glasur auftrug. Ich mußte sie ersetzen durch gewöhnlichen Schlicker aus dem gleichen Material wie der Körper. Als der Schlicker trocknete, zog er sich auf der Oberfläche des schrühgebrannten Gefäßes zusammen und man konnte Streifen davon abziehen, um satt rußige Schwarztöne zu erzeugen. Wo der Schlicker auf der Fläche verblieben war, ergaben sich durch die Abdeckung weiße Flächen. Jede Linie, die in die Abdeckung geritzt wurde, jeder Nadelstich erschien nach dem Reduktionsbrand in der so entstandenen 'Zeichnung'."

Die Schlickerschicht ist also eine regelrechte Schablone zur Abdeckung gegen die Raucheinwirkung.

„Statt mit Raku-Zangen wird das heiße Gut, um Beschädigungen dieser Abdeckschablone zu vermeiden, mit feuerfesten Isolierhandschuhen aus dem Ofen genommen. Je ein zusammengefalteter Bogen Zeitungspapier über und unter der Schale reichen zur Erzeugung des Rauches völlig aus, und die 'Räucherkammer' wird dadurch abgedichtet, daß

Oben: Skulptur mit Akten von Jerry Caplan, Breite 48 cm.

Rechts: Platte mit Akt von Jerry Caplan, Breite 43 cm.

der sie bildende Deckel mit hohem Rand fest in eine Sandschicht eingedrückt wird. Fünf bis zehn Minuten genügen zur Übertragung der Zeichnung, und nach der Entfernung des Deckels läßt sich die Schablone leicht ablösen.
Die schrühgebrannten Schalen, die hier Verwendung finden, werden gewöhnlich aus weißem Steinzeug- oder Rakuton gefertigt und bei 900 Grad gebrannt. Das führt zu Oberflächen, die leicht den Kohlenstoff aufnehmen. Zur Verstärkung des Kontrastes von Schwarz und Weiß kann man die frisch gefertigte Schale mit Linien aus weißem Porzellanschlicker versehen.
Weil die sich entwickelnde Temperatur so niedrig ist, könnte sogar eine stabile Kartonschachtel als 'Räucherkammer' dienen. Ein Nebeneffekt dieser Technik ist die Vermeidung der Luftverschmutzung durch den aufsteigenden Rauch, und die Aufräumarbeiten beschränken sich auf das Wegschaffen von etwas verkohltem Papier."

Caplan schildert auch, wie er die Farbe in diese Technik mit einbezieht, indem er gleich anfangs vor dem Schrühbrand mit Unterglasurfarben auf das noch grüne Stück entsprechende Motive aufmalt:

„Um eine präzise Ausrichtung der Linien auf den Farben zu erreichen, pause ich die Umrisse durch und markiere rund um die Kanten die entsprechenden Stellen. Dann trage ich eine frische Schlickerschicht gleichmäßig auf die Oberfläche der Platte auf. Ich nehme wieder mein Pauspapier her, wenn der Schlicker lederhart ist, und fahre die Linien mit einem Bleistift nach, um sie durchzudrücken. Jetzt ist die Festlegung der Farbflächen kein Problem mehr, und ich 'schneide' ihre Umrisse mit einer spitzen Töpfernadel aus dem Schlicker."
Jerry Caplan hat diese Techniken bereits seit 1972 entwickelt und hat seine Kenntnisse großzügig weitergegeben durch Lehrtätigkeit und Workshops in den ganzen Vereinigten Staaten und in Europa. Er meint dazu, der beste Unterricht bestehe in gegenseitiger Kommunikation:

„Die einmal gestellte Frage, ob sich dieses Reduktions-Schablonieren auch auf senkrechten Flächen anwenden lasse, hat mich veranlaßt, entsprechende Versuche mit aufgebauten Tonwänden zu machen. und ich fand heraus, daß das Verfahren auch darauf funktioniert. Sicherlich, in manchen Fällen folgten die Schablonen dem Gesetz der Schwerkraft, aber oft genug hafteten sie auch an Ort und Stelle und ermöglichten eine ordnungsgemäße Übertragung der Zeichnung. Seither stelle ich all meine eigenen Regeln in Frage."

Nach dem Schrühbrand wird eine Pause mit den Umrissen der Farbflächen angefertigt.

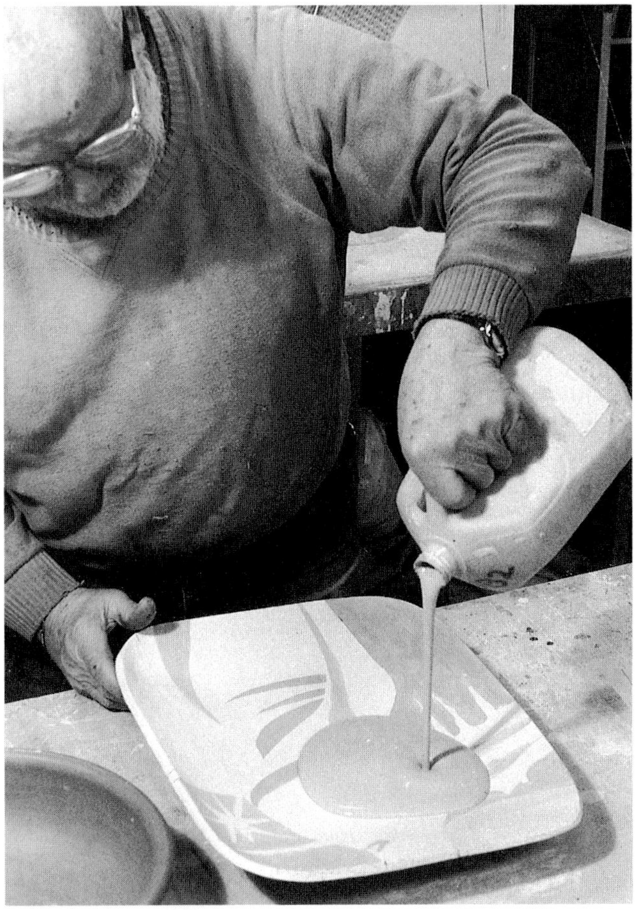

Die ganze Platte wird mit einem Schlicker überzogen, der vorher durch ein 60-Maschen-Sieb gesiebt wurde.

Sobald der Schlicker lederhart ist, werden die Umrisse der Farbflächen mit der Töpfernadel „ausgeschnitten".

Nach sorgfältigem Trocknen von Platte und Schlickerschablone erfolgt der Brand bei 720 Grad; dann wird die Platte heiß herausgenommen und mit Zeitungspapier bedeckt.

Das entzündete Papier wird sofort mit einem Deckel zugedeckt.

Der Deckel wird fest in eine Sandaufschüttung gedrückt, um eine hermetische Abdichtung zu gewährleisten.

Das verschwelende Papier hat eine reduzierende Atmosphäre bewirkt.

Nach dem Abziehen der Deckschablone zeigt sich die Zeichnung.

David Roberts

David Roberts trug an erster Stelle zur Verbreitung der Rakutechnik in Großbritannien bei, und seine glasierten Rakugefäße haben ihm hohe Anerkennung und viel Erfolg gebracht. In neuerer Zeit jedoch hat er sich gänzlich von der Glasur abgewendet und ersetzt sie durch Polieren und Oberflächengestaltung mit Hilfe des Rauches. Seine großen, aufgewülsteten Gefäße erscheinen nun weicher. Mit ihren klassischen Anklängen und den prallen, wie gespannten Formen, die betont werden durch willkürliche Craquelierungen oder gekurvte Linienmuster, sind sie zugleich zeitlos und ein Ausdruck unserer Zeit.

Der Künstler sagt dazu:

„Obwohl ich weiterhin meine Werke in der Rakutechnik brenne, verzichte ich doch inzwischen auf die Glasur als Endergebnis, da ich in zunehmendem Maße eine glänzend gläserne Oberfläche als unverträglich mit den von mir gefertigten aufgewülsteten Formen empfand. Außerdem waren, aus historischer Sicht, alle von Hand aufgebauten Gefäße, die mir gefielen, unglasiert und entweder durch aufgemalte Farbpigmente dekoriert oder mit einem polierten Schlickerüberzug versehen. Andererseits weiß ich durchaus den Effekt zu schätzen, den Craquelézeichnungen von Rakuglasierung bei der Betonung der Form eines Gefäßes bewirken. Ich nutze den Rakubrand zur Erzielung von Nadelstich- und Craqueléeffekten, diese jedoch in der Gestalt von Rauchzeichnungen auf einer polierten Oberfläche und nicht auf einer glasierten, wenn auch im Hinblick auf die endgültige Oberfläche Glasuren weiterhin eine wesentliche Rolle als Abdeckmaterial spielen."

David Roberts kam erstmals mit Ton in bewußte Berührung während seiner Ausbildung an der Lehrerbildungsanstalt von Bretton Hall in Yorkshire. Nach Ablegung seines Examens war er im Schuldienst tätig und beschäftigte sich in seiner Freizeit mit der Fertigung von Steinzeug auf der Töpferscheibe. Sein Kontakt mit dem amerikanischen Töpfer Jim Robison machte ihn vertraut mit der Tätigkeit amerikanischer Töpfer auf dem Gebiet des Rakubrandes, und er empfand sogleich unmittelbares Interesse dafür. Dieses vertiefte sich, als er aufgrund eines Reisestipendiums amerikanische Rakutöpfer besuchen konnte, wo er beeindruckt wurde von den Möglichkeiten dieses Verfahrens, das von Künstlern wie Paul Soldner auch auf große skulpturale Formen angewendet wurde.

Er begann mit Experimenten nach der Methode, es auszuprobieren und aus den Fehlern zu lernen, und entwickelte im Hinblick auf seine sehr großen Formen die Idee eines Ofens, den man vom heißen Stück wegnehmen konnte statt, wie üblich, das Stück selbst aus dem Ofen zu nehmen (eines sogenannten Haubenofens). Seiner Methode, jedes Stück einzeln zu brennen, ist er bis heute treu geblieben. Den dramatischen Verlauf des Brandes steuert er kenntnisreich und mit großer Sorgfalt; seine Erfolge dabei verdankt er langjähriger Erfahrung und Beobachtung, und die unvermeidlichen Verluste aufgrund der Technik verschmerzt er.

Roberts verwendet eine Mischung aus Porzellanton und sogenanntem „T-Material", einer fertigen Modelliermasse; er wülstet sie auf mit Extruder-Strängen. Der Aufbau beginnt über einer schrühgebrannten Buckelform, und gelegentlich werden die Gefäße während des Aufbaus zur Vermeidung des Zusammensackens mit einem Propangasbrenner getrocknet. Roberts sagt dazu:

„Ich bleibe bei der Aufwülsttechnik, weil sie mir das notwendige Gefühl für die Rundung, Höhlung und richtigen Umfang gibt, nach der ich strebe und die ich an historischen Vorbildern schätze wie präkolumbianischen Gefäßen, frühbronzezeitlichen zyprischen Krügen und Flaschen, nigerianischen Vorratsbehältern usw. Das Aufwülsten führt zu wunderbaren Folgen von leicht asymmetrischen sanften Kurven und Bögen, die über unglaublich schmalen Basen aufwachsen und dann zu großartigen dreidimensionalen 'Leinwänden' werden, auf denen die durch den Brand erzeugten 'Malereien' zur Geltung kommen. Ich bin außerdem überzeugt davon, daß das Zusammendrücken der Tonpartikel beim Aufwülsten zur inneren Festigkeit des Gefäßes beiträgt, während beim Drehen auf der Scheibe der Tonkörper gedehnt wird."

Wenn die Gefäße lederhart sind, wird ein feiner, aus dem gleichen Material wie der Körper gefertigter und gelegentlich mit handelsüblichen Färbstoffen versetzter Schlicker in mehreren Lagen aufgepinselt. Eine Polierung mit Metallöffeln schließt sich an, und dieser folgt noch eine Nachpolierung mit einem Bausch aus Baumwolle. Einiges von dem erreichten Glanz geht dann beim Schrühbrand mit 1000 Grad wieder verloren, aber die hohe Temperatur ist für die entsprechende Festigkeit und Härte erforderlich.

Als nächstes wird auf das Gefäß eine mindestens drei Millimeter dicke Schlickerschicht aufgetragen, die aus einer Mischung von Kaolin und Flint besteht und die sorgfältig durchtrocknen muß. Diese Schicht ist unerläßlich, um ein Haften der abschließenden Glasurabdeckung auf dem Gefäß selbst zu verhindern. Diese ist eine herkömmliche Raku-Craquelé-Glasur, und sie wird aufgesprüht. Nach dem völligen Austrocknen werden die gewünschten Muster mit einem Cocktailspießchen in die Glasur geritzt, und zwar ganz hindurch bis zum Schlicker darunter. Roberts beschreibt die Einflüsse auf diese Muster wie folgt: „Ich entwickle diese Muster aus Kreissektoren, angeregt von kreisförmigen Motiven, die sich ebenso in tibetanischen Mandalas wie auf prähistorischen Gefäßen, etwa jenen von Mimbres, finden; sie können gleichsam als Kommentar zu den Rundungen der Formen selbst empfunden werden." Manche Gefäße bleiben undekoriert, und die Wirkung der Oberfläche ergibt sich aus dem spontanen Craquelé der Glasur.

Der Rakubrand findet statt bei 850 bis 890 Grad, und sobald die Glasur zerschmolzen ist, wird das Gefäß aus dem Ofen genommen. Man läßt es wenige Sekunden lang abkühlen, um Sprünge in der Glasur hervorzurufen, dann wird es in eine Tonne gelegt und mit feinem Sägemehl bestreut; die Tonne wird dann verschlossen, um eine stark mit Rauch gefüllte Atmosphäre zu erzeugen. Der Rauch gelangt durch jeden Craqueléspalt, jedes in die Glasurschicht gebohrte Loch, jede hineingeritzte Linie hindurch auf die Schlickerschicht darunter, durchdringt diese und färbt die polierte Gefäßoberfläche mit den entsprechenden Mustern. Nach dem Erkalten läßt sich die Glasur samt der Schlickerschicht darunter ablösen. Abschließend werden die Gefäße gereinigt und zur Versiegelung der Politur nachpoliert.

David Roberts sagt: „Ich arbeite mit Rauch, weil die Dekoration nicht einfach der Oberfläche aufliegen, sondern sich mit der Form verbinden soll. Ich setze darauf, daß dieses Verfahren die Integration von Form und Oberfläche fördert und den fertigen Gefäßen den Ausdruck der Ausgewogenheit und 'Stimmigkeit' verleiht."

Rechts gegenüber: Aufgewülstetes, poliertes Gefäß von David Roberts (England), Durchmesser 43 cm.

Unten: Aufgewülstetes, poliertes Gefäß von David Roberts, Durchmesser 47 cm.

Materialanmerkungen

Tonkörper

„T-Material"	50 Anteile
Porzellanton	50 Anteile

Abdeckschlicker

Kaolin	3 Anteile
Flint	2 Anteile

Rakuglasur

Hochalkalische Fritte	40 Anteile
Weiche Boraxfritte	40 Anteile
Kaolin	10 Anteile

Rauchbrand im Unterricht

Dieses Kapitel beschäftigt sich mit den Möglichkeiten, die Rauchbrand-Techniken auch pädagogisch zu nutzen. Durch die Schilderung von Erfahrungen mit vier Alters- und Befähigungsgruppen werden einige der vielen Einsatzmöglichkeiten erläutert.

Rauchbrand in der Schule

Der ständige Umgang mit hochentwickelter Technologie kann Kinder zu der Ansicht verführen, „Technik" erschöpfe sich damit, daß man auf die richtige Taste am Computer drückt. Die eigene Ausübung des Rauchbrandes kann sie dagegen vertraut machen mit frühen und ursprünglichen Techniken und kann ihnen zugleich einen Zugang vermitteln zur archäologischen und anthropologischen Bedeutung der Keramik. Der Rauchbrand übt eine unmittelbare Anziehungskraft auf die Kinder aus. Jeder liebt ein Freudenfeuer, und die Einfachheit und Direktheit dieses Verfahrens führt zum grundlegenden Verständnis für das Brennen ganz allgemein. Lehrer und Schüler können preiswert mit diesen Techniken experimentieren, ohne daß hohe Ausgaben für Glasuren oder Brennmaterialien anfallen. Der notwendige Behälter für den Rauchbrand kann schlicht aus Backsteinen aufgebaut werden oder auch eine verzinkte Blechtonne sein, und zum Feuern kann man Abfall aller Art verwenden.

Diese Art eines „primitiven Brennens" verlangt von den Schülern Unternehmungsgeist, Mut zum Risiko, das Lernen aus Fehlern, das Akzeptieren einer gewissen Unvorhersehbarkeit und die Zusammenarbeit mit anderen, um das bestmögliche Ergebnis zu erreichen. Es ist eine Art von Metapher für „Unterricht in Leben", indem sich dabei vielerlei praktische und philosophische Überlegungen vereinen.

Während ich am Goldsmith-College war, machte mich David Cowley, der Leiter der Keramikabteilung, bekannt mit den Schriften und der Lehrtätigkeit von Seonaid Robertson, einer schottischen Erzieherin, der die Einführung des Sägemehl-Brandes an englischen Schulen in den späten vierziger Jahren zu verdanken ist. Ihre Philosophie spielt heute an Grund- und weiterführenden Schulen eine bedeutende Rolle, und deshalb möchte ich darauf eingehen, um die Wichtigkeit des Unterrichts im Töpfern an Schulen darzulegen.

Seonaid Robertson ging davon aus, daß Kinder den gesamten Prozeß des Töpferns vom Ausgraben des Tons bis zum Bauen und Betreiben von Brennöfen erlernen sollten. Die Idee, den Torf, mit dem der im Unterricht bei ihren Volksschulkindern verwendete Feldbrandofen beheizt wurde, durch Sägemehl zu ersetzen, kam ihr, als ihr der Torf ausging. Holz war damals wegen des Krieges Mangelware; das Interesse am Sägemehl hing also keineswegs mit dekorativen Erwägungen zusammen, sondern es ging schlichtweg darum, Brennstoff zu haben, um den Ton in Keramik zu verwandeln.

Frau Robertson wurde später, in den sechziger Jahren, Dozentin an der Goldsmith-Lehrerbildungsanstalt und hielt bei der Ausbildung von Lehrern an diesen Niedrigtemperatur-Brenntechniken fest. Es war ihrem Einfluß zu verdanken, daß der amerikanische Töpfer Paulus Berenson Sägemehl beim Brennen einsetzte und diese Methode in seinem Buch *Finding Ones Way with Clay* 1972 vorstellte. Das Kapitel über den Sägemehlbrand hat viele englische Töpferinnen und Töpfer, die ich kenne, dazu veranlaßt, mit Sägemehl beim Brennen zu experimentieren. (Mary Caroline Richards war am Goldsmith-Institut Kollegin von Seonaid Robertson; sie besuchte 1968 ein Keramik-Festival auf der Farm von Paulus Berenson in Pennsylvania und vermittelte ihm Frau Robertsons Ideen über Niedrigtemperatur-Brenntechniken.)

Die meisten Schulkinder haben allenfalls mit im Handel erhältlichen Fertigtonen und Glasuren Umgang und sind vom Brennvorgang ausgeschlossen, der vom Lehrer in einem Elektroofen durchgeführt wird. Dies schließt jedes Verständnis für die Natur der Materialien und die Vorgänge beim Brennen aus; tatsächlich wird es dem Kind vielleicht nicht einmal bewußt, daß ein Gefäß dem Brand unterworfen wurde. Bei einem ganzheitlichen Ansatz des Töpferunterrichts in Grund- und weiterführenden Schulen könnte er ausstrahlen in andere Fächer und Themenbereiche, dadurch einen wichtigen Beitrag zur Erreichung der vorgegebenen Ausbildungsziele leisten und es den Schülern ermöglichen, ihn in größerem Gesamtzusammenhang zu erleben.

Ob nun die Kinder in der Stadt oder auf dem Land leben, es läßt sich immer irgendwie ein Ausflug organisieren, auf dem Ton gewonnen wird, den man anschließend reinigen, aufbereiten und ausprobieren kann. Er ließe sich dann mit Ball clay mischen (um seine Plastizität zu erhöhen) oder mit Sand, Fireclay oder Schamotte, um „seinen Körper zu öffnen". Grober und sandiger Ton könnte gemischt werden mit zugekauftem plastischerem Ton.

Seonaid Robertson gibt in ihrer Broschüre, mit der sie für eine möglichst frühzeitige Beschäftigung mit dem Ton wirbt, eine lebendige Beschreibung davon, wie die Kinder (Grundschüler aus einer Industriestadt) den eingeholten Ton ausprobieren:

> „Einige Kinder stampfen (nicht ohne daß ich für ein kräftiges Desinfektionsmittel im Wasser gesorgt habe) barfüßig auf dem Ton herum, um ihn plastischer zu machen und gleich auch Muster hineinzudrücken. Andere tragen inzwischen getrocknete Tonringe, jeder in eine mit Silbersand gefüllte Blechbüchse gelegt, zum Brennen zum Schulofen. Wieder andere sind schon dabei, mit dem sandigen Ton zu modellieren – der eignet sich besonders gut für grobe Modelle, weil er auch dick gebrannt werden kann. In der Woche darauf werden die Ergebnisse des Brandes sorgsam notiert. Denn diese Kinder sind alt genug, um Aufzeichnungen zu machen, und führen ein Klassenbuch, in dem für jede Ladung Ton notiert wird, woher er stammt, welches Gefühl man bei der ersten Berührung hat, ob er beim Formen eines Ringes zerbröselte und ob er entweder schon beim Trocknen oder später beim Brennen zersprang.
>
> Von nun an hoffe ich, daß sie mir Tonproben mitbringen aus ihrem Garten oder von Spaziergängen und Ferienaufenthalten. Sie beschäftigen sich schon jetzt mit dem Dauerproblem des Töpfers, daß nämlich 'kurze', sandige Tone beim Formen leicht zerspringen, sich aber dafür im Ofen leicht und auch viel dicker brennen lassen und auch Temperaturschocks viel besser verkraften, während die dichteren und plastische-

ren Tone, die sich leicht bearbeiten und in feine Formen kneten lassen und die man für das Drehen auf der Scheibe braucht, nur dünner ausgewalzt Verwendung finden können und außerdem eher zum Zerspringen im Ofen neigen."

Gefäße können leicht von Hand geformt werden: durch Quetschen, Aufwülsten, Abformen oder Plattenaufbau; einfache Umrisse eignen sich besonders gut für den Rauchbrand, wobei man jedoch vor allem die Verbindungen der einzelnen Teile im Auge behalten muß, da sich beim Brand gerne Risse entlang der Fugen einstellen. Wichtig ist die Verwendung von Ton mit einem offenen Körper, weil dieser besser dem Thermalschock und Hitzeunterschieden beim Brand standhält. Der Auftrag eines glatten Schlickers auf die lederharten Gefäße bereitet die Oberflächen zum Polieren vor, das sich mit glatten Kieseln oder einem Löffel durchführen läßt. Polierte Oberflächen nehmen die Rauchzeichnungen besser an und erhöhen die taktilen Qualitäten des Gefäßes. In diesem Stadium lassen sich auf Wunsch auch zusätzliche Dekorationen in Sgraffito-Technik oder durch Einritzungen anbringen. Die Gefäße können entweder vorab schrühgebrannt werden (was allerdings bei Temperaturen über 950 Grad zum Verlust der Polierung führt), wobei dann der Rauchbrand nur dekorative Funktion hat, oder grün dem Rauchbrand unterworfen werden, um so zu echter Niedrigtemperatur-Keramik zu werden.

Seonaid Robertson schreibt weiter:

„Wenn sich der Enthusiasmus der Kinder, was die Suche nach Ton betraf, sicherlich aus dem natürlichen Vergnügen am Herumstreunen in der Gegend ergab, entsprang doch die Hingabe beim Bau und Betrieb eines kleinen Ofens aus tieferen Quellen und entsprach einem fundamentalen Bedürfnis. Obendrein ist gerade für Stadtkinder ein solches Erlebnis noch viel wichtiger, und ich habe vielfach erlebt, daß die intellektuellsten Leute dabei wieder ganz natürlich wurden und sich der allgemeinen Freude am Feuer hingaben. Zehn- bis vierzehnjährige Buben und Mädchen, die sonst gelangweilt auf das Klingeln warten, bleiben jetzt bis zum Dunkelwerden in der Schule und brennen darauf, Zelte mitzubringen und die Nacht durch den Ofen zu bewachen – und bei meinen Lehramtsstudenten war das nicht anders. Es ist absolut entscheidend, daß die Kinder beim Brennen mit einbezogen werden und daß man ihnen klarmacht, was dabei abläuft. Das Brennen ist ein unabdingbarer Bestandteil des Töpferns, und wenn man den Kindern ihre Arbeiten wegnimmt, um sie irgendwo anders zu brennen, und ihnen damit die Freude am Feuer und den Umgang damit und schließlich auch die Kontrolle darüber vorenthält, dann unterschlägt man ihnen eines der wichtigsten Elemente der Töpferei."

Wenn ich diese Techniken vermittelt habe, benutzte ich Sägespäne oder auch Zeitungspapier als Brennmaterialien und eine Mülltonne oder eine einfache Backsteinkonstruktion als „Ofen". Natürlich steht jedem die Wahl der Brennmaterialien und des entsprechenden Behälters frei; ich habe einmal einen Studenten aus Lowestoft an der Ostküste von Suffolk kennengelernt, der angetriebene Korken von Fischernetzen verwendete und damit aufgrund des Salzgehalts die schönsten pinkfarbenen Tönungen erzielte.

Seonaid Robertson hat als Variante zum einfachen Sägemehlofen einen Feld- oder Grubenofen beschrieben, für den man zur Aufnahme der Gefäße eine kleine Grube aushebt. Sie hat mit Studenten diese Idee weiterentwickelt, indem sie die Feuerbüchse um etwa 30 bis 60 Zentimeter zurückverlegte und die Hitze von da aus im Steigluftverfahren in eine zweite Kammer für das Brenngut leitete. Diese „Kammer" kann ein großer Blumenkübel sein oder sonst ein großes unglasiertes Gefäß.

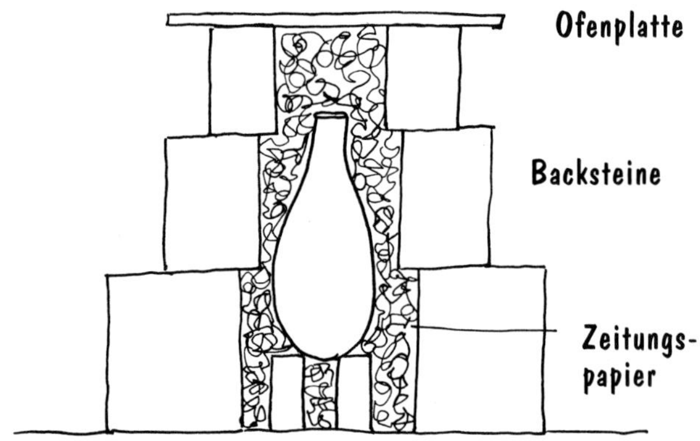

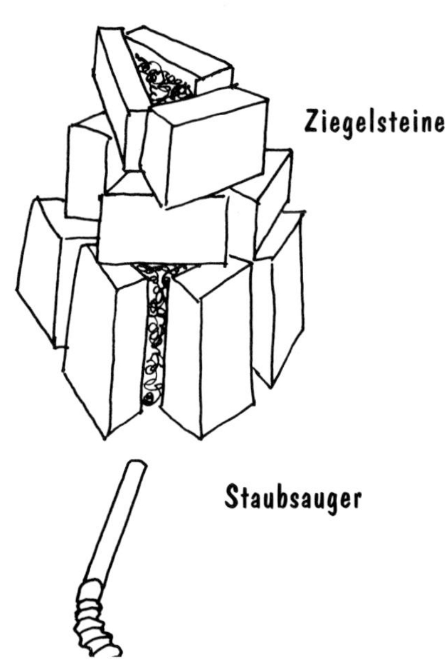

Jerry Caplans Zeitungspapier-Räucherbrand: Das Räuchern geschieht in einer aus lose aufeinandergesetzten Ziegelsteinen aufgebauten Pyramide, ein Staubsauger dient als Gebläse, um die Verbrennung voranzutreiben. In gewissem Umfang kann die Karbonisierung gesteuert werden durch die Anordnung des zerknüllten Zeitungspapiers.

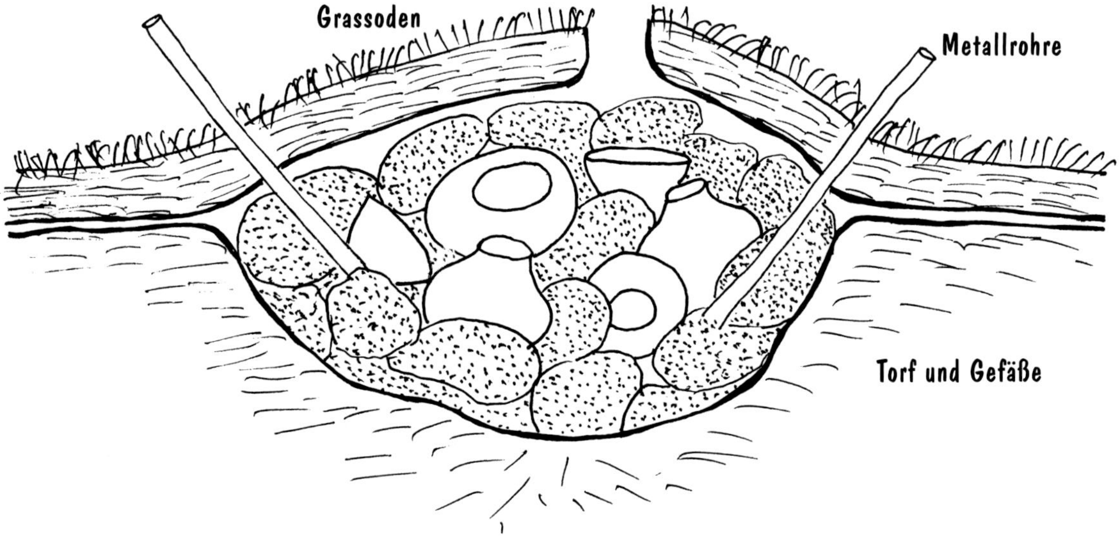

Torfbefeuerter Feldbrandofen

Seonaid Robertsons Feldbrandofen:
Aus einem grasigen Boden wird gut dreißig Zentimeter tief eine kreisrunde Grube mit einem Durchmesser von annähernd einem Meter ausgehoben. Ist der Boden sehr feucht, kann man sie entweder mit Backsteinen auskleiden oder durch ein Vorfeuer austrocknen. Man macht zunächst mit Holz oder sonstigem brennbaren Material ein Feuer, das dann mit Torf abgedeckt wird. Darauf legt man die Gefäße und umlegt und bedeckt sie mit weiterem Torf. Die Grubenöffnung wird mit den ausgestochenen Rasenstücken wieder abgedeckt, wobei ein Loch für den Rauchabzug verbleibt. Metallrohre können als „Feuerzüge" eingesteckt werden, und man kann durch sie Luft einblasen.
Der nur allmählich in Brand geratende Torf heizt die Gefäße erst einmal auf, ehe er tatsächlich rundherum brennt. Der Brand kann je nach Windverhältnissen zwölf bis vierzehn Stunden dauern und bewirkt niedrige Terrakotta-Qualität; die Gefäße werden vom Torf und durch den Luftabschluß schwarz.

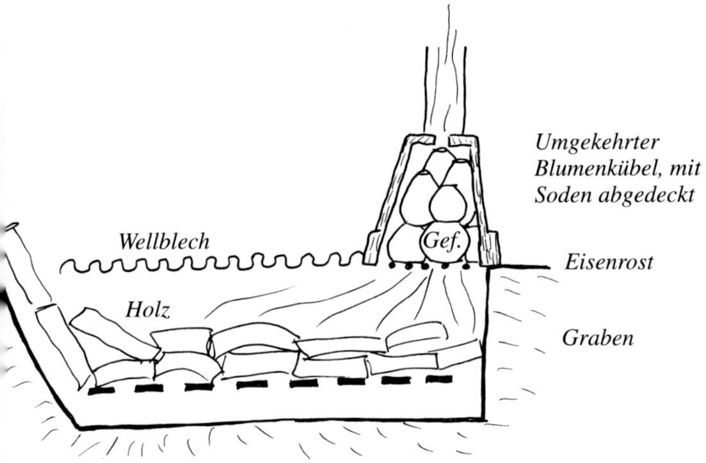

Seonaid Robertsons Blumenkübel-Ofen:
Man hebt einen Graben aus und verschalt ihn, wenn Hereinbröckeln von Erde zu befürchten ist, mit Steinen oder Backsteinen. Auf den Boden kann man Eisenroste oder -stangen legen als Unterlage für das Holz und zur Verbesserung der Verbrennung. An einer Schmalseite legt man Eisenstangen oder einen Rost so über den Graben, daß man einen großen umgekehrten Blumenkübel daraufsetzen kann; man kann zusätzlich Backsteine unterschieben. Nach der Füllung mit den zu brennenden Gefäßen wird der Blumenkübel mit Rasensoden o.ä. abgedeckt; über den Graben kann man ein Stück Wellblech legen, das dann ebenfalls entsprechend abgedeckt werden kann.

Der Mülltonnen-Ofen

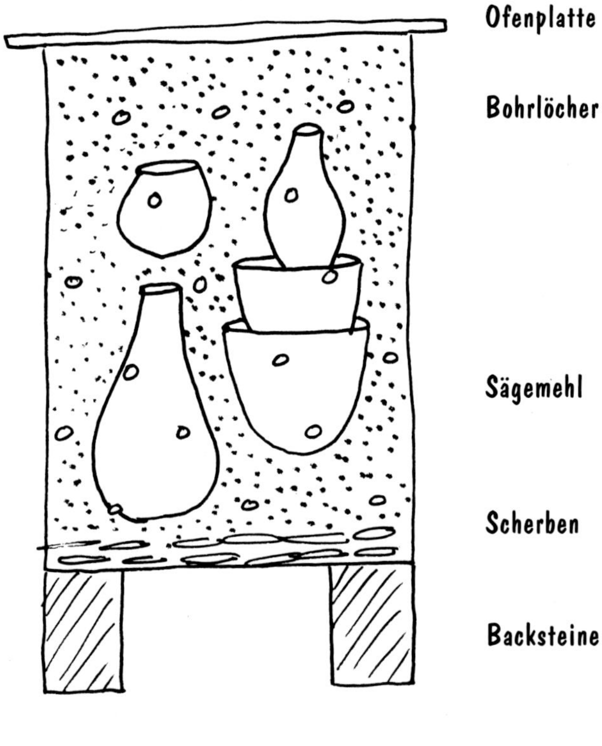

Die vier Ausbildungsgruppen

Bei meinen Untersuchungen zum pädagogischen Einsatz der Rauchbrandmethode beschäftigte ich mich mit vier Bezugsgruppen:

1. Einer Gruppe vier- bis dreizehnjähriger Kinder, mit denen Pam Norman in Shepreth/Cambridgeshire künstlerisch arbeitet.
2. Einer Gruppe Fünfzehn- und Sechzehnjähriger, die an einer Sonderschule in Heltwate/Peterborough von Brenda Brown unterrichtet werden und deren Verminderung der Lernfähigkeit von mäßig bis schwerwiegend und mehrfach reicht.
3. Einer Gruppe von Schülerinnen und Schülern aus den Abschlußklassen zweier höherer Schulen in Cambridge (Perse School for Girls und Hills Road Sixth Form College), unterrichtet von Jane Bednarczyk, Juliet Gorman und Neil Page.
4. Studenten des Goldsmith-College der Universität London vor dem Erwerb eines Diploms oder des Magistergrades unter Leitung von David Cowley.

Angewandt wurden die verschiedensten Techniken, der Improvisation war freier Raum gegeben, und es gab keine festen Regeln. Die Ausrüstung ist bescheiden und preiswert, als Brennstoff kann man nahezu alles verwenden, was irgendwie brennbar ist, und Sägemehl oder Sägespäne kann man bei Holzhändlern oder Schreinern bekommen, die normalerweise nichts dafür verlangen, wenn es um eine Verwendung für Unterrichtszwecke geht. Wesentlich für den Platz, an dem gebrannt werden soll, ist lediglich, daß er sich im Freien befinden und ausreichend weit von irgendwelchen geöffneten Fenstern oder aufgehängter Wäsche entfernt sein sollte. Die Einfachheit der angewandten Verfahren war auf die Möglichkeit ausgerichtet, damit auch selbst im heimischen Garten zu experimentieren und sie weiterzuentwickeln. Sie kommen für jedes Alter und jede Ausbildungsstufe in Frage und können in einfacher Form schon bei kleinen Kindern Anwendung finden und auf entsprechend höherem Niveau auch bei Kunststudenten.

Die Kindergruppe von Pam Norman

Pam Norman leitet in Shepreth, einem Dorf in Cambridgeshire, eine Gruppe von Kindern, die sie auf freiwilliger Basis in Kunst unterrichtet. Da größere Fördermittel dafür nicht zur Verfügung stehen, ist geringer Aufwand Voraussetzung. Pam Norman findet, daß sie durch den Rauchbrand einerseits die Kosten für teure Glasuren spart und andererseits den Kindern aus erster Hand einen Eindruck davon vermitteln kann, wozu das Feuer imstande ist. Die meisten dieser Kinder leben in modernen Häusern, wo es kein offenes Feuer mehr gibt, und selbst ein Feuerchen im Garten durch neuere Bestimmungen verboten ist. Selbst das traditionelle Freudenfeuer am 5. November wird ja heute von Erwachsenen organisiert und die Kinder werden davon ausgeschlossen.

Wo das Feuer kein Teil des normalen Lebens mehr ist, ist das Erlebnis des abgesicherten Umgangs mit Feuer von unschätzbarem Wert. Pam Norman meint dazu kurz und bündig: „Es gibt einfach nichts, was dem Schüren des eigenen Feuers gleichkommt.“

Die von Pam Norman angeleiteten Kinder schauen gespannt zu, wie ihre Stücke mit Zeitungspapier gebrannt werden.

Sonderschüler

Ich besuchte Brenda Brown und ihre Gruppe an dem Tag, der für den Räucherbrand vorgesehen war. Die Schüler hatten Gefäße aufgewülstet und poliert, die dann einem Schrühbrand unterzogen worden waren, und bereiteten sie nun für einen Sägemehlbrand vor. Brenda Brown hatte an einem meiner Kurse in Cambridge teilgenommen, dabei die Möglichkeiten zum Aufbringen von Mustern und entsprechende Abdeckmethoden kennengelernt, und jetzt setzte sie sie im Unterricht ein. Im weiteren Verlauf des Schuljahrs formten die Schüler dann Tiere, deren Flecken- oder Streifenmuster auf den Fellen mit den gleichen Techniken erzeugt wurden.

Der Brand fand auf einem Schulhof statt, wo die Schüler in kleinen Zweier- oder Dreierteams auch selbst aus Backsteinen ihre Öfen errichteten. Als Brennstoff wurde Sägemehl verwendet, und als dieses entzündet wurde, war bei allen ein starkes Gefühl der Freude und Anteilnahme zu spüren. Ein paar der Schüler wurden als Wachen für die Öfen eingeteilt für die Zeiten, in denen andere Kinder im Hof spielten.

Der Rauchbrand war Teil eines Gesamtprojektes rund um das Thema Ton, mit dem man sich schon das Jahr über beschäftigt hatte. Vorher hatte man eine Ziegelei besucht, die London Brick Company, das Gladstone-Töpferei-Museum und die Firma John Beswick, wo „Royal-Doulton-Ware" hergestellt wird; das sollte den Schülern ein Verständnis für die historischen und industriellen Zusammenhänge vermitteln. Bei einer Beschränkung auf das Thema Rauchbrand wären Besuche in archäologischen und anthropologischen Sammlungen denkbar, um den größeren Gesamtzusammenhang darzustellen. Brenda Brown sagt: „Von allen Projekten, die ich mit den Schülern durchgeführt habe, war es dieses um das Thema Ton, das sie am meisten stimuliert und motiviert hat. Nachdem sie einmal angefangen hatten, sich mit Ton zu beschäftigen, sind sie ganz von allein auf bestimmte Ideen gekommen." Die Aufgaben wurden so angelegt, daß sie unterschiedlichen Ausbildungszielen des Lehrplans entsprachen, sowohl im technischen Bereich durch Bau und Betrieb eines Ofens als auch im künstlerischen durch das Formen von Gefäßen und Tieren. Diese Ausbildungsziele wurden erreicht, es wurden Verbindungen zu anderen Fächern hergestellt, und es wurden viele unterschiedliche Fähigkeiten vermittelt und erprobt.

Die Schüler der Heltwate-Sonderschule bauen die Öfen für den Sägemehlbrand.

Diese von den Sonderschülern gefertigten Tiere wurden einem Brand in Zeitungspapier unterworfen.

Die Schüler der Heltwate-Schule mit ihren rauchgebrannten Schöpfungen.

Technische Angaben

Die Gefäße wurden geformt aus einer Mischung von 75 % feinschamottierter Brennmasse und 25 % St.-Thomas-Ton, die Tiere aus schwarzer feinschamottierter Brennmasse. Die Stücke wurden mit Schlicker überzogen, poliert und bei 900 Grad schrühgebrannt.

Englisch
Sprechen und Hören
Lesen und Schreiben
Satzbau
Diskutieren und Aufzeichnen

Umwelt-Studien
Erforschung der Tiere/Vögel/Insekten, die in Ton geformt werden sollten

Wirtschafts- und Gewerbekunde
Besichtigungen von regionalen Ziegeleien, Keramikfabriken und Töpfereimuseen

Konstruktion und Technik
Ofenentwurf und Ofenbau

Geschichte
Museumsbesuche
Archäologie
Ethnologie

Mathematik
Messen
Gewicht und Volumen
Schätzungen

Kunst und Design
Anfertigung eines Gefäßes

Naturwissenschaft
Wirkung der Hitze auf den Ton
Temperaturen
Testen des Tons

Soziale Fähigkeiten
Kommunikation und Interaktion beim gemeinsamen Ofenbau
Treffen mit einem Künstler
Zusammenarbeit und Teilen

Geographie
Routenplanung für Besichtigungen
Kartenlesen
Suche nach Tonlagerstätten
Geologie
Witterungsverhältnisse

Schüler von Abschlußklassen zweier höherer Schulen

Wie schon mehrfach erwähnt, wird der Rauchbrand immer geprägt von einem Element des Risikos. Die Folge von Ereignissen, die sich mit jenem Tag verbinden, als ich an dem zum Brennen bestimmten Tag das Hills Road College in Cambridge besuchte, unterstreicht das eindrucksvoll.

Schülerinnen und Schüler schleppten die von ihnen gestalteten, schon schrühgebrannten Gefäße und Skulpturen herbei und bereiteten sich auf das Räuchern vor, indem sie die entsprechenden Öfen dafür bauten; Improvisation wurde dabei groß geschrieben. Einer flocht (inspiriert durch Sebastian Blackies Papierofen) einen Behälter aus zusammengepreßten Papierstreifen, um darin sein Werk zu räuchern. Eine Mitschülerin hüllte ihre einen Meter zwanzig hohe Figur in viele Lagen von Zeitungspapier und steckte diese in Brand. Wieder andere zogen den zeitraubenderen Brand in Sägemehl vor; sie errichteten provisorische Öfen aus Backsteinen, füllten sie mit Sägemehl und ließen über Nacht schwelen.

Weil die Schule in einer Wohngegend liegt, hatte man die Bewohner der umliegenden Häuser vorsorglich darauf aufmerksam gemacht, daß es während des Brennens auf dem Schulgelände zu einer geringfügigen Rauchentwicklung kommen könne. Aber nachdem die Aufsichtsperson nach Hause gegangen war, rief ein „übereifriger“ Nachbar die Feuerwehr an; die rückte an, überkletterte die Mauern und löschte mit kräftigem Wasserstrahl die Öfen.

Ein Ergebnis war, daß ein großer Krug, der in der folgenden Woche als Prüfungsstück für die Abschlußprüfung präsentiert werden sollte, in zahlreiche Stücke zersprungen war. Viele Monate voller stundenlanger Arbeit waren auf diesen Krug verwendet worden, und die Schülerin war am Boden zerstört. Aber auf Zureden ihres Lehrers Neil Payne brannte sie die achtzig Einzelteile in verschiedenen Materialien; einige in Blättern und Gras, andere in Zeitungen und Zeitschriften. Einige Mitschüler halfen dabei, die Stücke wieder mit Schnellkleber zusammenzusetzen. So konnte sie bei der Prüfung ein Stück vorstellen, das wie eine archäologische Ausgrabung wirkte, und bekam eine gute Note dafür.

Technische Angaben

Die Stücke wurden entweder aus Modelliermasse (sogenanntem „T-Material“) oder einem weißen, sandigen St.-Thomas-Ton oder einer Mischung aus feinschamottierter Brennmasse und gelbbraunem Steinzeugton geformt. Einige davon wurden mit Schlicker überzogen und dann poliert, bei anderen wurde direkt auf dem Tonkörper poliert, und wieder andere blieben unpoliert.

David Ruddock vom Hills Road College formte diesen 60 cm hohen Torso. Nach dem Schrühbrand stopfte er ihn mit Zeitungspapier aus, das er anzündete, und indem er brennendes Papier über die Oberfläche führte, konnte er die Karbonisierung auf bestimmte Bereiche beschränken.

Samantha Bowstead vom Hills Road College mit ihrem großen Krug, der zunächst in achtzig Stücke zersprang. Diese wurden dann einzeln rauchgebrannt und wieder zusammengesetzt.

Kunststudenten am Goldsmith-College

Leider mußte ja die Keramikabteilung am Goldsmith-College kürzlich geschlossen werden, aber ich konnte dort noch miterleben, wie sich Studenten am Ende des Sommersemesters auf ihre Abschlußprüfungen vorbereiteten. Magdalene Odundo hatte hier einige Jahre lang als Gastdozentin gewirkt, und aufgrund ihres Einflusses und ihrer Vermittlung der Methoden des afrikanischen Grubenbrandes hatte sich eine Tradition des Experimentierens mit Niedrigtemperatur-Brenntechniken entwickelt. Ich konnte dort einem Kapselbrand und dem Brennen eines Rohgefäßes in einer Art von Grubenbrand beiwohnen.

Kimiko Barber bereitete sich zum Ende eines Anschlußkurses auf die Erwerbung ihres Diploms vor. Sie war im Aufbau von Hand und in der Rauchbrandmethode von Magdalene Odundo unterwiesen worden und hatte das umgesetzt in sphärische, kapselgebrannte Formen mit Tönungen in vielfarbigen Schattierungen von Pink über Purpur bis hin zu Grau und Schwarz.

Sie arbeitete mit einer je hälftigen Mischung von „T-Material" und Porzellanton und formte ihre Gefäße entweder durch Quetschen und Ziehen oder durch Drehen mit der Scheibe und entsprechendes Nachformen von Hand. Einige davon, doch keineswegs alle, wurden poliert und dann bei 1040 Grad schrühgebrannt. Der Räucherbrand erfolgte in Kapseln, die gefüllt wurden mit Mischungen aus Sägemehl, Kupferkarbonat, Mangan, Salz und Natriumkarbonat mit Sandschichten dazwischen, so daß bestimmte Flächen nicht karbonisiert wurden. In einigen Fällen diente zur Aufnahme des Sägemehls Zinnfolie anstelle einer Kapsel; das Gefäß wurde darin eingehüllt wie eine Folienkartoffel. Der Rauchbrand wurde im Ofen bei 1000 Grad durchgeführt.

Denise Roberts erarbeitete als Prüfungsstück zur Erlangung des Magistergrades im Fachbereich Keramik und Textilien unter Verwendung örtlich beschaffbaren Materials eine durch Grabhügelfunde in Gloucestershire beeinflußte Skulptur, die sie in einer Art von Grube brennen wollte. Im Umkreis Londons gegrabener Ton wurde für die Skulptur selbst und den darüber errichteten „Ofen" verwendet, als Brennmaterial diente das Holz einer Weide am Rand des Collegegeländes. Sie wollte in der Abfolge von Materialbeschaffung, Skulpturgestaltung, Ofenbau, Brennen und Ausgraben Parallelen zum Ausdruck bringen zwischen den Zyklen in der Natur und den Zyklen, denen sie während des Entstehungsprozesses die Materialien unterzieht. Als Thema ihrer Gestaltung wählte sie ein Boot.

Auf den Boden einer ausgehobenen Grube wurde ein Brett gelegt und dann mit Erde abgedeckt, um dann später die Skulptur herausheben zu können. Darauf wurde eine Lage von Weidenzweigen gebreitet, auf die ein erstes „Boot" aus geflochtenen Weidenzweigen mit Ton dazwischen gesetzt wurde. Darüber wurde eine zweite Bootsform nur aus geglättetem Ton von Hand aufgebaut, und über dieser wieder eine dritte, ebenfalls wieder aus Ton mit einem Weidengeflecht dazwischen. Schließlich wurde, dem Umriß des Ganzen folgend und die gewünschten Luftströme berücksichtigend, unter Einfügung von Weidenzeigen in die Wandung darüber der Ofen aufgewülstet.

Einige Tage lang ließ man den Ofen trocknen, wobei man zum Schutz vor Regen vorsorglich ein Schutzdach darüber errichtete. An einer Seite wurde eine Feuerbüchse angebaut, an der anderen eine Art von Kamin, um entsprechenden Luftdurchzug zu gewährleisten. Schließlich wurde der Ofen noch mit Erde abgedichtet. Denise Roberts verbrachte, unterstützt von Studienkollegen, drei Tage mit dem Brennen. Beim Ausgraben enthüllten sich dann die verschiedenen Stadien, welche die Materialien beim Brand durchlaufen, und die verbliebenen Reste dokumentierten diese Stadien.

Der erwähnte Papierbehälter, den Robert Stemp aus Cambridge zum Räuchern seines Gefäßes aus zusammengepreßten Papierstreifen flocht.

Kimiko Barber mischt Salz und Kupferkarbonat unter die Sägespäne für den Räucherbrand ihres Gefäßes.

Einsatz des Gefäßes in die große, mit den präparierten Sägespänen gefüllte Brennkapsel.

Der noch freie Raum um das Gefäß wird gefüllt mit abwechselnden Schichten von Sägespänen und Sand; an den vom Sand bedeckten Außenflächen erfolgt keine Karbonisierung.

Der Kapselbehälter wird, mit einer Ofenplatte abgedeckt, in den gasbeheizten Ofen eingesetzt. Rechts sieht man ein Gefäß, das in eine mit Sägemehl bestreute Zinnfolie eingewickelt wurde. Der Brand erfolgt bei 1000 Grad.

Entnahme des Gefäßes nach dem Brand.

Links: Der an Ort und Stelle erbaute Ofen um das aus Weidenzweigen und Ton geformte „Boot“ von Denise Roberts vom Goldsmith-College der Universität London.

Unten: In den nach dem Brand verbliebenen Resten von Denise Roberts' „Boot“ werden verschiedene Stadien des Gestaltungs- und Brennvorganges dokumentiert.

Kapselgebrannte Kugelvase von Kimiko Barber, Höhe 20 cm.

Schlußwort

Hans Coper hat die Kunst des Töpferns verglichen mit der Jazzmusik mit ihren vielfältigen Improvisationen über ein bestimmtes Thema. Das Wörterbuch umschreibt „Improvisieren“ mit „etwas aus dem Stegreif, ohne Vorbereitung tun; mit einfachen Mitteln herstellen“. In diesem Buch konnte ich Leser und Leserinnen nur mit einigen der vielen Methoden und Materialien für Improvisationen um das Thema Rauchbrand-Töpferei vertraut machen. Das dabei vorgestellte Schaffen von Töpferinnen und Töpfern wird sich weiterentwickeln und ändern und vielleicht eine andere Richtung einschlagen, aber im Augenblick jedenfalls ist es geprägt von der Magie von Feuer und Rauch.

„Recreation“ von Munemi Yorigami, 478 x 190 cm; aufgewülstet und dann zertrümmert, Teile in drei unterschiedlichen Atmosphären gebrannt, dann unter Verstreichung der Bruchspalten neu zusammengeleimt.
(Foto Taku Saeki)

Musterbeispiele

Gefäß von Magdalene Odundo, 41 x 28 cm; in der Kapsel rauchgebrannt.

Links: Gefäß von John Bedding, nach Rakubrand geräuchert.

Unten: Aufgewülstetes, poliertes Gefäß von David Roberts, Durchmesser 45 cm; nach Rakubrand geräuchert.

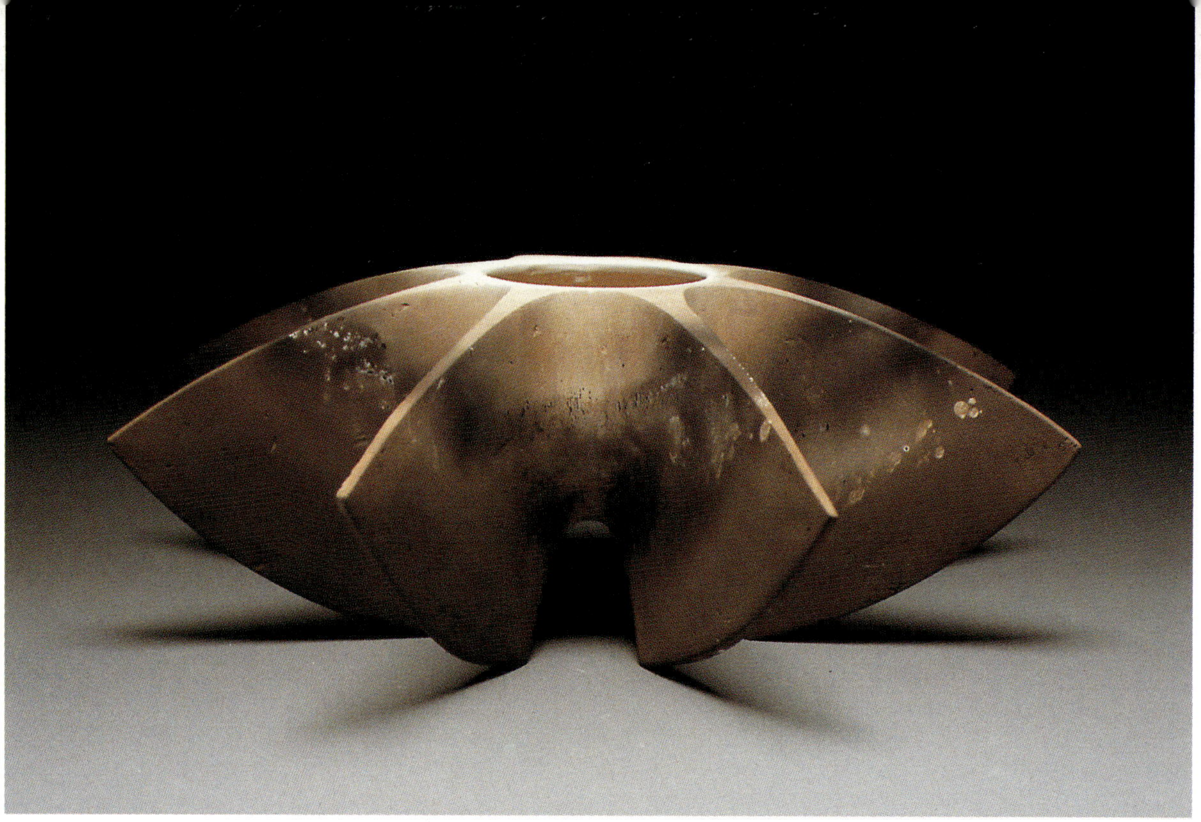

„Flossenform" von Bob Schmitz.

Schale von Alison Tinker, Durchmesser 40 cm; in der Kapsel rauchgebrannt.

„Re-creation“, bogenförmiges Objekt von Mumeni Yorigami; 180 x 20 x 28 mm, im Ofen rauchgebrannt. (Foto Takashi Hatake yama)

„Skarabäen-Kanope“ von Pierre Bayle, im Ofen rauchgebrannt.

Register